« Je crois sincèrement que l'éducation change des vies et qu'*Un million d'espoirs*, en donnant un caractère humain au monde souvent rébarbatif des organismes publics, changera la façon de percevoir les politiques canadiennes touchant l'éducation. »
RAY IVANY, recteur, Université Acadia

« Au dix-neuvième siècle, des hommes de vision et de conviction ont bâti un chemin de fer pour créer un pays qui s'étendrait d'un océan à l'autre. Silver Donald Cameron relate ici l'histoire du plus grand rêve canadien du 21e siècle, celui d'un investissement dans la connaissance plutôt que dans l'acier et le béton. »
MICHAEL BYERS, auteur, *Intent for a Nation*

« Ce livre représente ce que Silver Donald Cameron a fait de mieux : engageant, clair, presque souriant, pourrait-on dire. *Un million d'espoirs* donne à des étudiants anonymes et à des bureaucrates sans visage une voix et une existence réelle. »
JAMES D. McNIVEN, Ph.D., professeur émérite et ancien doyen, faculté de gestion, Université Dalhousie, ancien sous-ministre au développement, gouvernement de la Nouvelle-Écosse

La brève et réjouissante histoire

de la Fondation canadienne

des bourses d'études du millénaire

SILVER DONALD CAMERON

Version française par Stéphane Lépine

UN *million* D'ESPOIRS

DOUGLAS & MCINTYRE
D&M PUBLISHERS INC.
Vancouver/Toronto

Douglas & McIntyre
Une marque de D&M Publishers Inc.
2323 Quebec Street, Suite 201
Vancouver (C.-B.) Canada v5t 4s7
www.douglas-mcintyre.com

Données de catalogage offertes par Bibliothèque et Archives Canada
ISBN 978-1-55365-613-5 (papier)

Éditeur : Peter Norman
Jaquette et graphisme : Naomi MacDougall et Heather Pringle
Photo de couverture © The Image Bank/Getty Images
Imprimé et relié au Canada par Friesens
Texte imprimé sur papier sans acide certifié FSC 100 % recyclé

Nous remercions le Conseil des Arts du Canada, le British Columbia Arts Council, le
gouvernement de la Colombie-Britannique (crédit d'impôt à la publication de livre) ainsi
que le gouvernement du Canada (Fonds du livre du Canada) pour leur soutien financier.

Mixed Sources
Cert no. SW-COC-001271
© 1996 FSC
FSC

⟩ Table des matières

. . .

› AVANT-PROPOS

. . . .

LA CONNAISSANCE constitue la meilleure garantie de prospérité dans l'économie d'aujourd'hui.
Au cours du prochain millénaire, la croissance des grands secteurs de l'économie dépendra de la création et de la diffusion de la connaissance; et ce seront les universités, les collèges publics, les établissements de santé et les centres de recherche et développement qui en seront le coeur. Et, comme des oasis au milieu du désert, ces endroits permettront l'éclosion d'entreprises et de commerces qui participeront à la croissance économique.

En deux mots, la connaissance est LA ressource naturelle du 21e siècle; c'est l'énergie qui alimente le dynamisme intellectuel et la découverte de nouvelles avenues. Nul besoin de se demander pourquoi les économies émergentes investissent autant dans l'éducation de leurs populations. Selon les prévisions, il y aura par exemple d'ici dix ans en Chine un nombre de détenteurs de doctorats équivalant à la population canadienne dans son entier.

L'éducation, procure des bienfaits qui vont bien au-delà de l'essor économique. Elle permet de bâtir des communautés saines et sécuritaires, des cultures dynamiques et tolérantes; ses citoyens seront actifs et engagés.

La Fondation canadienne des bourses d'études du millénaire aura dans ce contexte marqué la société canadienne de façon profonde et durable. Mais les graines sont à peine plantées, et les pleines retombées du programme sont encore à venir. Selon un grand penseur, c'est là l'essence même de la connaissance : elle augmente par diffusion et grandit par dispersion[1].

C'est en quelque sorte l'héritage de la Fondation. Elle a aidé toute une génération de Canadiens à se développer intellectuellement et professionnellement et, ce faisant, a renforcé l'économie et amélioré la vie de nos concitoyens. L'investissement continue de porter fruits.

J'ai eu le privilège d'être l'un des membres fondateurs de l'organisme. Les objectifs qui avaient sous-tendu sa création nous inspiraient, et nous étions motivés par les opportunités qu'elle allait éventuellement offrir aux Canadiens.

Ce projet d'envergure nationale se fonde sur le principe que tous les Canadiens ont droit à une éducation postsecondaire. Pour une société prospère comme la nôtre, l'égalité des chances en matière d'éducation doit être à la fois le privilège de chaque citoyen et une responsabilité de l'État. Le nombre de jeunes Canadiens inscrits au postsecondaire est bien sûr impressionnant, mais cette donnée ne rend pas compte de la réalité. En fait, des facteurs financiers peuvent freiner l'ambition de certains jeunes, qui, issus de milieux moins favorisés, auront plus de difficulté que d'autres à entrer à l'université ou au collège.

---

[*] Daniel J. Boorstin

C'est un véritable drame. Notre bien-être futur dépend de notre capacité à laisser éclore ce potentiel humain. Les Canadiens doivent pouvoir surmonter les obstacles qui les freinent dans leurs aspirations, les empêchent de réussir ou participent à leur exclusion. Une bonne éducation est la meilleure façon de remplir cette mission. J'ai la conviction qu'un million d'espoirs sont nés et ont fleuri grâce à la Fondation et qu'elle a fait du Canada un meilleur pays.

Les pages qui suivent relatent la concrétisation d'une idée de génie. Et, comme toutes les bonnes histoires, celle-ci nous permet de mieux connaître et de mieux comprendre le sujet qu'elle traite : la Fondation, un fantastique laboratoire pour le développement d'individus. On se souvient du scepticisme des provinces lors de sa création; un monde de différence par rapport au partenariat qui s'est finalement dessiné entre elle et ses partenaires provinciaux au fil des ans. La présente histoire est à la fois un témoignage de la puissance des idées et un hommage à ceux et celles qui les ont défendues.

Rares sont les politiques qui marquent l'histoire d'un pays. Il s'agit ici d'un récit éclatant et poignant d'une expérience vraiment remarquable. Je lève mon chapeau à Silver Donald Cameron, dont le texte établit le lien entre les grandes questions des politiques fédérales et provinciales et la vie quotidienne des étudiants, des enseignants et des parents canadiens. Le message est clair : les bonnes politiques sont efficaces et changent la vie des gens pour le mieux.

Un million d'espoirs est une lecture de grande valeur, mais, plus encore, c'est une lecture très instructive. Certaines des leçons que la Fondation nous a apprises peuvent être appliquées à d'autres projets. Le progrès de notre nation en dépend.

FRANK MCKENNA

UN MILLION D'ESPOIRS

› INTRODUCTION

. . . . . .

NOUS SOMMES en 1878. Un garçon de 18 ans, né d'un père épicier, fils de serf, bigot fanatique et tyran domestique, un jeune homme qui connut une enfance sans enfance, qui plus tard deviendra médecin, voyagera beaucoup, soignera, écrira, visitera l'île de Sakhaline, au large de la Sibérie, dont il étudiera la population des forçats, écrit sa toute première pièce de théâtre. Ce jeune auteur a pour nom Anton Tchekhov. Et la première pierre de son vaste édifice littéraire est l'histoire d'un garçon qui semble respirer la joie de vivre mais qui, en fait, sombre progressivement dans un désespoir inapaisé. Ce garçon aime les femmes. Il aime qu'on l'aime. Son manque d'amour et son besoin d'affection sont impossibles à rassasier. Il est « le héros d'une histoire pas encore écrite ». C'est lui-même qui le dit. Le jeune Tchekhov songe d'abord intituler sa pièce « Les fils meurent avant les pères ». Il opte finalement pour ьезотцовщина, ce qui, en russe, signifie littéralement « le fait social de ne pas avoir de père ». Retrouvée en 1921 dans le coffre d'une banque à Moscou, la première œuvre d'un des plus grands auteurs de théâtre de tous les temps est connue aujourd'hui sous le titre de *Platonov* ou *Ce fou de Platonov*.

L'avenir n'est pas rose pour celui qui nous donnera ces absolus chefs-d'œuvre que sont *La mouette* et *La cerisaie*, *La salle 6* et *La dame au petit chien*. Il ne mange pas tous les jours à sa faim, bientôt les premiers symptômes de la tuberculose se déclarent, et il vit dans la misérable petite ville de Taganrog, qu'il décrira sans mettre des lunettes roses dans la nouvelle *Ma vie*. Toujours, dans son œuvre comme dans sa vie, Tchekhov restera soucieux de la qualité de vie de ses contemporains, de ses concitoyens, luttera contre l'injustice et l'ignorance. Il fera bâtir des écoles, achètera des centaines de livres pour les bibliothèques publiques. C'est un humaniste pratique qui croit que la plus grande qualité d'un écrivain est la compassion, que le plus grand service qu'un artiste puisse rendre à l'humanité est de lui dessiller les yeux, que le plus beau cadeau que l'on puisse faire à un homme est l'accès à l'éducation.

« Le passé et le présent sont nos moyens, le seul avenir est notre fin. » — PASCAL, *Pensées*, II, 172

Aussi, c'est en pensant à tous les Platonov de notre temps, à tous ces jeunes qui se croient sacrifiés par la génération précédente et qui peinent à trouver leur place, c'est en revenant à l'œuvre de mon cher Tchekhov, qui se demandait « est-ce ainsi que les hommes vivent? » et se préoccupait de l'avenir des habitants de son pays, que je souhaite aborder l'histoire de cette Fondation et démontrer à quel point celle-ci a représenté un formidable pari, a incarné une foi incoercible en l'avenir.

Retracer l'histoire de la Fondation canadienne des bourses d'études du millénaire, c'est d'abord à mes yeux parler de

2

garçons et de filles qui, à un moment de leur vie, ont eu besoin que des gens leur ouvrent une fenêtre et leur permettent de contempler un horizon plus ouvert. Qu'avons-nous à faire de tous ces documents officiels et de ces études désincarnées qui accumulent la poussière sur les tablettes des officines institutionnelles? Le lecteur de cet ouvrage trouvera sans doute des informations pertinentes sur les activités de la Fondation ainsi que sur l'aide exceptionnelle qu'elle a apportée depuis 1998, année de sa création, versant plus de trois milliards de dollars en bourses à des étudiants désireux de paver leur avenir, mais le lecteur fera surtout la connaissance de gens venus de tous les horizons dont le chemin a bifurqué, dont la route s'est aplanie, dont le sentier s'est dégagé grâce à ce programme.

Nous n'avons pas le talent d'un Tchekhov, mais certainement pouvons-nous utiliser son œuvre comme leçon, comme rappel à l'ordre, comme devoir, celui de rester attentif à ce qui importe avant tout : la vie des hommes et des femmes, leur désir de s'épanouir et de bien vivre, de transmettre après coup le flambeau aux générations successives, « pour la suite du monde ». Dessiner l'histoire de la Fondation, c'est d'abord écrire sur les gens qui y ont œuvré, les gens qui y ont été liés, les gens qui en ont bénéficié, les gens qui ont vu leur vie transformée grâce à son existence. Ce livre leur est dédié. Il se veut le portrait aussi juste que possible de leurs passions et de leurs tourments, de leurs fragilités et de leurs combats, de leurs rêves et de leurs aspirations, de leur désir de faire de leur vie une quête de l'invisible, de cette « inaccessible étoile » présente en chacun de nous et qu'appelait éperdument le Don Quichotte de Jacques Brel.

Place sera faite dans cet ouvrage à ceux et celles qui ont permis que la Fondation voie le jour il y a maintenant plus de dix ans, à tous ces hommes et ces femmes qui, au nom de leur espoir en la jeunesse, se sont battus pour que les générations nouvelles

3

puissent avoir les moyens d'ouvrir les ailes, d'entretenir de vastes espérances. Grâce à ces battants, déterminés et visionnaires, la Fondation a été plus qu'un programme exceptionnel, bénéfique à long terme pour notre pays, elle aura incarné une vision sociale, politique et humaine que l'on voudrait voir propagée. Elle aura défendu l'idée qu'une société se doit de soutenir ceux qui bientôt la porteront sur leurs épaules et de faire en sorte que les jeunes pousses trouvent le terreau et la lumière nécessaires pour s'épanouir et grandir, pour devenir à leur tour de grands chênes.

Nous savons désormais que, dans son budget de 2008, le gouvernement du Canada a annoncé son intention de ne pas renouveler le mandat de la Fondation canadienne des bourses d'études du millénaire au-delà de la période de dix ans prévue par la Loi d'exécution du budget de 1998. Par conséquent, en janvier 2010, la Fondation aura cessé de distribuer des bourses aux étudiants.

Aussi cet ouvrage se conjugue-t-il à l'imparfait. Plus d'un million de fois la Fondation aura versé une bourse à un porteur de notre avenir. Plus d'un million de fois elle aura permis à un jeune d'avoir accès à des études supérieures ou à une formation avancée. Plus d'un million de fois elle aura modifié le cours d'une vie et, par le fait même, celui de la société qui est la nôtre. Mais en plus d'avoir accordé une aide financière à un nombre faramineux de jeunes à travers le pays, afin qu'ils puissent développer les compétences nécessaires pour réaliser leurs rêves, la Fondation aura aussi remis des bourses d'excellence à plus de 16 000 étudiants, leur permettant ainsi de se consacrer pleinement à leurs études et d'être moins soucieux de leurs conditions économiques.

Ce livre n'aurait pas été possible sans l'apport de quantité de gens auprès de qui des entretiens ont été menés et dont les témoignages personnels émaillent les pages qui suivent. Ainsi en est-il de Rosemary Reilly de l'Université Concordia, que l'on tient à remercier pour sa contribution exceptionnelle. Combien de fois n'a-t-elle pas répété que la Fondation est une des rares organisations qui n'usent pas de condescendance à l'égard des gens! Non seulement, à ses yeux, la Fondation offrait-elle à ses boursiers un réel soutien, mais, chose suffisamment rare pour qu'on le souligne, leur rappelait qu'ils avaient le droit et même le devoir de prendre des risques, convaincue que l'on apprend autant de ses échecs que de ses réussites!

À titre personnel, même si mes liens avec la Fondation ne remontent qu'à quelques mois, je ne peux que témoigner de l'ouverture que Monsieur Jean Lapierre, directeur des communications à la Fondation, a témoigné à mon égard, de la liberté qui fut la mienne dans l'établissement de la version française de l'ouvrage signé Silver Donald Cameron. Il m'a non seulement permis une grande liberté dans l'adaptation du texte original anglais, mais a encouragé une prise de possession, une réelle réappropriation.

Un million d'espoirs n'est donc pas à proprement parler une traduction française de *A Million Futures/The Short Happy Life of The Canada Millenium Scholarship Foundation*. Adaptation libre, objet hybride, hétérogène, cette histoire, qui emprunte certes beaucoup à l'ouvrage de Silver Donald Cameron, est le reflet à la fois fidèle et déformé de l'original anglais, une histoire marquée par mon regard et ma sensibilité, celle d'un francophone vivant dans un Montréal pluriel et cosmopolite, une ville synonyme d'accueil, d'ouverture, de dynamisme, de création et d'avenir, autant de valeurs qui ont été pendant dix ans celles de la Fondation canadienne des bourses d'études du millénaire, dont nous tenterons maintenant de parcourir l'histoire.

STÉPHANE LÉPINE

◄ *un*

UNE SOIF DE CHANGEMENT

· · · · · · ·

L A FAMILLE Babin, de Shédiac au Nouveau-
Brunswick, voit sa vie basculer quand elle
reçoit une lettre en apparence banale,
adressée à Everett Babin, âgé de quinze ans.

La Fondation canadienne des bourses d'études du millénaire et la province du Nouveau-Brunswick mettent alors sur
pied un projet pilote visant à amener davantage de jeunes vers
les études postsecondaires : *Un avenir à découvrir*. Leur but est
d'en savoir plus sur les raisons pour lesquelles les étudiants du
secondaire décident ou non de poursuivre leurs études, et de
voir comment ils pourraient être influencés dans le bon sens. Le
projet, auquel participeront 1 050 élèves de niveau secondaire, a
été mis sur pied pour tester l'efficacité des mesures prises dans
le but d'aplanir les obstacles les plus souvent invoqués par ceux
qui renoncent aux études postsecondaires : l'indécision quant
au choix de carrière, le manque d'intérêt pour les études et les
contraintes financières. Environ 30 % des étudiants sont issus

de familles sans antécédents d'études postsecondaires. Le projet vise à informer les enfants et leurs parents des possibilités qui s'offrent à eux et des avantages économiques et sociaux liés à une éducation supérieure.

L'école d'Everett Babin participe au projet pilote. Lui et sa famille sont-ils d'accord pour y participer? Everett en parle à ses parents, Lisa et Terry. Ça semble intéressant. Ils donnent leur accord.

La famille Babin apprend alors que les élèves du Nouveau-Brunswick ont été assignés de façon aléatoire à l'un des trois groupes (*Explorez vos horizons, Fonds du savoir* ou une combinaison des deux) ou alors au groupe témoin. Les proportions de participants assignés à chacun des groupes sont établies en fonction des objectifs d'analyses, et une classification est faite par secteur linguistique et par niveau de revenu. *Explorez vos horizons* vise à stimuler la réflexion des élèves du secondaire quant aux possibilités de carrière ou d'études postsecondaires qui s'offrent à eux et à favoriser une prise de décisions éclairée. *Fonds du savoir,* qui prend la forme d'un soutien financier, s'adresse aux élèves issus de familles dont le revenu déclaré est inférieur à la médiane provinciale. Il s'agit là d'une condition nécessaire à l'octroi d'une bourse maximale de 2 000 $ chaque année, qui ne pourra toutefois être touchée qu'à la fin du cycle des études secondaires et seulement si le candidat s'inscrit à un programme d'études postsecondaires. Les participants au groupe combiné *Explorez vos horizons / Fonds du savoir* ont droit à la fois aux séances d'information et à la bourse d'études, et, par conséquent, participent à davantage de séances que ceux des deux premiers groupes. Les élèves du quatrième groupe (le groupe témoin) ne recevront pour leur part qu'un appel, une fois l'an, afin que les chercheurs puissent être mis au courant de leur progrès scolaire.

Everett est recruté dans le troisième groupe et aura donc droit et aux séances d'information et à une bourse. Ainsi est-il amené à participer à l'atelier F2D « Fréquence en 10ᵉ année », consacré au choix d'une carrière et qui ne rassemble que trente élèves. C'est l'occasion pour lui de se poser quelques questions : Qui est-il fondamentalement? Qu'est-ce qu'il veut faire dans la vie? Quelles sont ses forces? Est-il du genre téméraire ou prudent? Exécutant ou meneur? Préfère-t-il travailler seul ou en équipe?

Une fois ces questions posées, davantage conscients de qui ils sont, de leurs goûts et de leurs aspirations, les élèves commencent à penser à une carrière, une profession, un travail qui corresponde vraiment à leur personnalité et à leurs talents. Et, en atelier, les jeunes apprennent à chercher un emploi; on les familiarise avec la recherche d'emploi sur Internet et les différents sites disponibles; on leur transmet quelques techniques en prévision de leurs éventuelles entrevues avec un employeur.

Jusqu'alors, Everett avait toujours cru qu'il voulait devenir pharmacien comme son oncle, qui travaillait à l'hôpital de Campbelton. Mais, après cet atelier et après mûre réflexion, il n'en est plus aussi sûr. « C'est un domaine passionnant, la pharmacie, dit-il, mais tu dois vraiment être fort en sciences et aller six ans à l'université. Je ne suis pas certain d'avoir envie d'accumuler des centaines de milliers de dollars de dettes juste pour être en mesure de travailler dans un hôpital! Et je ne suis pas sûr de vouloir faire ça pour le reste de mes jours. »

C'est alors qu'il se souvient du plaisir qu'il avait à démonter une vieille Subaru et à la remonter avec succès lorsqu'il était plus jeune. Il n'a jamais songé devenir mécanicien pour autant, mais il se demande maintenant s'il n'est pas davantage tenté par un emploi plus physique ou technique que par un travail de nature intellectuelle. Durant l'atelier, des « ambassadeurs du postsecondaire » se joignent aux conseillers et aux éducateurs. Ce sont des étudiants inscrits dans des programmes d'études post-secondaires qui sont en mesure de guider les élèves et de leur donner une perception plus réelle des études postsecondaires. Ces séances d'information servent à démystifier les études supé-rieures, rassurer les participants sur leurs habiletés et compétences, leur fournir quelques principes de base sur la gestion du temps, les priorités, les budgets, les divers types d'études possibles et pour leur faire prendre conscience qu'ils ont tout intérêt à miser sur leurs forces. Elles insistent aussi sur l'importance de toujours rester flexibles et ouverts au changement.

« J'adore ça, » dit Laura Davidson, une "ambassadrice du postsecondaire", étudiante en commerce à l'Université Mount Allison. « Les conseillers pédagogiques n'ont pas toujours le temps de se livrer à cette tâche, et très souvent les parents n'ont pas les outils nécessaires pour bien conseiller leurs enfants. On s'est tous déjà retrouvés dans cette situation, à se débattre comme une souris dans un verre de lait et à se demander ce qu'on va faire de sa vie! Ça peut être vraiment affolant pour cer-tains jeunes! Et notre rôle à nous est de leur dire : T'en fais pas outre mesure, c'est moins pire que tu le penses. Si tu ne veux pas tout de suite aller au cégep, t'as le droit. Si tu ne sais pas encore ce que tu veux faire dans la vie, on est là pour en parler avec toi et pour t'aider à t'y retrouver. »

Everett a participé à ce programme jusqu'en secondaire v et a finalement décidé de s'inscrire au collège Holland de l'Île-du-Prince-Édouard pour devenir plombier. Mais les changements les plus importants pour la famille Babin se sont produits lorsqu'Everett était en secondaire IV (11ième année) et qu'il s'est inscrit au programme *Un avenir à découvrir*. Au cours de cette année scolaire, les parents des élèves étaient invités à se joindre à leur enfant pour plusieurs ateliers en soirée. Lisa Calhoun, animatrice de l'atelier F2D, explique que « les parents sont évidemment ceux qui ont la plus grande influence sur leurs enfants et ils ont souvent des idées bien établies sur leur avenir et sur ce que peut signifier "la réussite" pour eux. On tente donc d'élargir leurs horizons et perspectives, et on leur rappelle qu'il n'y a pas que l'université après le secondaire, que d'autres possibilités s'offrent à l'enfant et qu'il il faut voir laquelle correspond le plus à sa personnalité, à ses intérêts et à ses forces. On leur rappelle aussi que le monde du travail a énormément changé. On les invite à témoigner de leurs propres expériences. Souvent on se rend compte qu'ils n'ont pas souvent eu l'occasion de réfléchir à leur propre vie professionnelle, à leur parcours, et qu'ils prennent plaisir à ces échanges autant, sinon plus, que leurs enfants. »

C'est ainsi qu'à l'issue de l'atelier, non seulement Everett, mais aussi ses parents, Lisa et Terry, se sont mis à réfléchir à leur rapport au travail et à leur avenir professionnel. Comme le dit Lisa, « nous, les adultes, on a souvent tendance à croire qu'on n'a pas d'avenir devant nous, qu'on est pris dans un cul-de-sac pour le reste de nos jours! Pour ma part, ça faisait douze ans que je travaillais dans une usine de boissons gazeuses, sans la moindre possibilité d'avancement ou de perfectionnement. Mais en écoutant les exposés durant l'atelier auquel participait Everett, j'ai eu l'impression qu'une graine avait été semée! Je me suis rendu compte que si je voulais être heureuse au travail, aujourd'hui comme demain, j'étais la seule susceptible de faire en sorte que ma situation change. »

À l'exemple de ses parents, qui sont fonctionnaires fédéraux, Lisa avait toujours souhaité être à l'emploi de Travaux publics et Services gouvernementaux Canada, dont un bureau est situé à

11

Shédiac. Le job idéal! Mais étrangement, elle avait toujours cru que ce type de travail était hors de sa portée. *Un avenir à découvrir* a modifié sa perception. « Je me suis dit : mais, ma foi, je peux très bien faire ça! J'ai douze ans d'expérience dans le même emploi, c'est quand même quelque chose! Je me suis soudainement rendue compte que j'avais quelque chose à offrir, que j'avais de la valeur. » C'est ainsi qu'elle a postulé et qu'elle a passé toute une série d'examens, de tests et d'entrevues pendant toute une année. « Quand j'étais appelée en entrevue, je m'arrangeais pour être vraiment prête. Et c'est à ce moment-là que les choses qu'Everett avait apprises en atelier m'ont été utiles. Tu ne te présentes pas pour une entrevue avec ta plus vieille paire de jeans et un t-shirt taché de café! Je blague, mais bon, vous avez compris que mon attitude n'était plus tout à fait la même et que je savais aussi avec quels documents me présenter, comment bâtir un curriculum vitae, etc. »

Lisa a obtenu l'emploi dont elle rêvait. Et pendant ce temps, Terry, son mari, qui voyait bien ce qu'elle accomplissait, a décidé d'en faire autant. « J'avais au départ une formation en informatique, mais la compagnie pour laquelle je travaillais a malheureusement fermé ses portes. Me voilà donc au chômage, incapable de trouver un job dans mon domaine. Comme j'avais déjà fait de la construction, je me suis trouvé un emploi chez Home Depot, un emploi qui n'avait rien à voir avec l'informatique. Par contre, quand on avait une commande à expédier, je communiquais toujours avec Armour Transportation. Après un an et demi, quelqu'un de chez Armour m'appelle et me dit : Terry, t'as l'air de t'y connaître en ordinateurs, on aurait peut-être un job pour toi. Je suis allé à l'entrevue. Le lendemain, j'avais l'emploi. »

« C'est d'ailleurs une chose dont ils nous parlent en atelier, ajoute Lisa : l'importance d'utiliser nos réseaux de contacts. » —

« Que oui, acquiesce Terry! J'avais un emploi sûr chez Home Depot, c'est vrai. Mais à un moment donné, tu te dis : c'est bien beau la sécurité, mais est-ce que je vais passer ma vie à faire quelque chose qui me satisfait à moitié, juste pour la sécurité! Aujourd'hui, je me considère chanceux de travailler à nouveau dans mon secteur de compétence et dans une compagnie où on a l'impression de former une grande famille. » Pas étonnant! Armour Transportation Systems est non seulement devenu un des chefs de file dans le monde des transports et de la distribution au Canada, mais a été couronnée une des cinquante entreprises les mieux gérées au pays.

« Les gens du programme *Un avenir à découvrir,* ajoute Terry, comprennent que tous les enfants sont différents, que pas un n'apprend de la même manière. » Lorsque le ministre de l'Éducation de l'époque, Kelly Lamrock, a demandé à Terry ce qu'il pensait du programme, ce dernier a insisté sur le fait qu'« il devrait y avoir davantage de programmes de la sorte pendant les quatre dernières années du secondaire, pour préparer les enfants à ce qui les attend, pour tirer le meilleur d'eux. Le monde va à une vitesse folle. Le monde du travail évolue trop vite. On a tous besoin de s'adapter à ces changements rapides. »

Le ministère de l'Éducation semble avoir écouté Terry. À la fin du projet pilote *Un avenir à découvrir,* qu'avait initié la Fondation canadienne des bourses d'études du millénaire, plusieurs éléments du projet ont été conservés et sont toujours en vigueur dans les écoles du Nouveau-Brunswick… et les Babin sont très heureux dans leurs nouveaux emplois!

UNE HISTOIRE réjouissante, rendue possible grâce à un projet réjouissant.

La Fondation canadienne des bourses d'études du millénaire a été créée par le gouvernement du Canada en 1998, d'abord dans le but d'ouvrir de nouveaux horizons à de nombreux étudiants de niveau secondaire... et non pas de modifier le parcours et les orientations professionnelles de leurs parents! Mais quand le virus du changement est inoculé, qui sait les effets qu'il engendrera dans tout le système?

La mission de la Fondation était de distribuer sur une période de 10 ans une somme totale de 2,5 milliards de dollars, dont 95 % sous forme de bourses d'études fondées sur le besoin financier des étudiants et 5 % sous forme de bourses d'excellence. Durant les 10 premières années du nouveau millénaire, la Fondation a ainsi accordé annuellement 100 000 bourses à des étudiants canadiens désireux de poursuivre des études postsecondaires.

Ce qui signifie au bout du compte un million de bourses : un million de fois où les parcours et les destins ont été modifiés.

C'est un premier surplus budgétaire après des années de coupures et de restrictions qui a rendu possible la distribution de sommes aussi importantes. Le but premier de la Fondation était donc de célébrer l'arrivée du nouveau millénaire en misant sur l'intelligence, l'ambition et les projets des jeunes Canadiens. Et derrière ce projet, un homme : l'honorable Jean Chrétien, alors premier ministre du Canada.

Lorsque ce dernier repense à l'origine du projet, il se souvient : « Avec l'arrivée du nouveau millénaire, on se demandait tous ce que l'on allait faire. Comment souligner ce passage hautement symbolique? Très vite, au fil des discussions, nous en sommes venus à la conclusion qu'il fallait miser sur l'avenir et créer un programme de bourses. Non pas investir dans la construction d'immeubles, mais dans tous ces jeunes qui bâtiront notre avenir à tous. Et, quand je vois les résultats, je me réjouis de notre décision. »

« Nul doute que c'est le premier ministre Chrétien qui a donné l'impulsion première à ce programme, souligne Norman Riddell,

directeur exécutif et chef de la direction de la Fondation canadienne des bourses d'études du millénaire. Monsieur Chrétien
vient d'une famille nombreuse et peu fortunée. Ses parents souhaitaient procurer une bonne éducation à leurs enfants et ont dû
pour cela faire d'énormes sacrifices. Arrêter de fumer, par exemple, et déposer l'argent ainsi économisé dans un compte pour les
études. Monsieur Chrétien a toujours cru que les études supérieures lui avaient ouvert des portes et fait entrevoir des avenues
qu'il n'aurait jamais pu emprunter autrement, et il désirait vraiment que d'autres jeunes puissent aussi voir l'horizon s'ouvrir
devant eux. Voilà pourquoi la législation à l'origine de la Fondation spécifiait qu'elle devait permettre un accès plus facile aux
études postsecondaires. »

Tout ça a l'air bien simple et facile! Eh bien non! En effet,
comment déterminer les besoins d'un étudiant? Et son niveau
d'endettement? Ainsi, il est vite apparu que les étudiants issus
de la classe moyenne vivaient beaucoup plus aisément avec le
fait d'accumuler des dettes d'études que ceux venant de milieux
moins nantis. Alors, si vous déterminez les besoins uniquement
à partir du niveau d'endettement, vous risquez d'accorder davantage d'aide aux étudiants de la classe moyenne qu'aux étudiants
du Collège universitaire du Cap-Breton (CUCB), par exemple.
Le CUCB, devenu l'Université du Cap-Breton et situé à Sydney
en Nouvelle-Écosse, a été longtemps l'un des établissements
d'enseignements les moins bien financés au Canada; il était
situé dans une communauté où les principales industries, liées à
l'acier, au charbon et à la pêche, étaient toutes en bien mauvaise
posture. Aussi la majorité des étudiants du CUCB devait-elle avoir
recours aux prêts étudiants, même si cette idée les plongeait
dans l'insécurité. La plupart cumulaient le travail et les études
durant la journée, rognaient les heures de sommeil et passaient
leurs nuits à travailler comme gardiens de sécurité ou employés

à l'accueil dans des hôtels. Certains d'entre eux vivaient même dans leur voiture!

Le niveau d'endettement ne peut donc pas être le seul critère dans l'évaluation de la situation financière d'un étudiant. Mais que doit-il être, dans ce cas? Que signifie au juste « accès aux études postsecondaires »? Comment accroître cet accès? Favorise-t-on vraiment l'accès en donnant de l'argent à des étudiants qui sont déjà inscrits dans des programmes d'études supérieures? Il est vrai qu'ils mènent un combat de chaque instant pour poursuivre leurs études et qu'ils accumulent de lourdes dettes, mais ont-ils vraiment un problème d'accès aux études? Non. Ils sont d'ores et déjà convaincus de l'intérêt pour eux de poursuivre leurs études et font tout ce qui est possible pour ne pas baisser les bras. En fait, la Fondation a été amenée à se poser de diverses manières la question du soutien à la persévérance, qui est une forme dérivée de l'accès. Mais il n'en reste pas moins que bien des étudiants n'imaginent même pas faire d'études postsecondaires. Et ce sont eux que la Fondation a voulu rejoindre et soutenir en priorité.

Afin de bien atteindre la cible, on a réalisé des études pour établir le portrait le plus juste possible de la situation au pays, un portrait des besoins et des attentes des étudiants. Ces études ont très vite démontré que les programmes de la Fondation ne pouvaient avoir de véritable impact sans remonter en amont, lorsque les étudiants sont encore à l'école secondaire et même avant. Seulement de cette façon pouvait-on penser modifier la manière avec laquelle ces adolescents envisageraient l'avenir, leurs études, leurs vies personnelle et professionnelle, et même l'idée de l'endettement pour poursuivre leur formation. Tout cela est bien joli en théorie, mais comment appliquer la théorie à la vraie vie? Comment la Fondation pouvait-elle déterminer des moyens d'interventions et les mettre en oeuvre?

La Fondation a mis au point une série de projets pilotes pour accroître l'efficacité des moyens mis en œuvre pour encourager les élèves à poursuivre leurs études postsecondaires. Ces projets ont fourni à des élèves du secondaire un soutien pédagogique ou financier, des séances d'information de toutes sortes et même l'occasion de s'exprimer sur la place qu'ils avaient l'impression d'occuper dans la société, tout cela pour savoir si un tel accompagnement pouvait avoir un impact sur la suite des choses. Mais, comme l'éducation continue d'être de juridiction provinciale, ces projets pilotes devaient être mis au point en collaboration étroite avec les provinces qui, très vite, ont mis de côté leurs craintes et leurs réserves pour devenir de véritables partenaires.

Norman Riddell ne manque pas de le souligner : « Nous sommes très fiers des relations que nous avons établies avec les provinces. Ces bonnes relations ont sans aucun doute permis l'élaboration de programmes efficaces, qui ont eu un impact réel sur la façon qu'avaient ces jeunes gens d'entrevoir l'avenir, sur leurs chances de réussite et même sur leur vision du rôle qu'ils pouvaient jouer dans la société et son développement. »

Un avenir à découvrir était un de ces projets pilotes. Il consistait à interroger un groupe d'étudiants sur leurs passions pour dessiner avec chacun d'eux un parcours de formation qui puisse correspondre à ce qu'il était et à ce qu'il recherchait. C'est à ce projet qu'a participé Everett Babin, et on sait maintenant à quel point il a non seulement modifié le cours de sa vie, mais également celui de ses parents.

17

MAIS IL en a coulé de l'eau sous les ponts entre les surplus budgétaires de 1998, l'idée de créer un programme de bourses et la belle histoire de la famille Babin! La naissance et l'évolution de la Fondation ont été le produit d'une réflexion profonde sur la nature du mandat qu'on lui avait confié : faire une étude attentive de l'endettement des étudiants du pays et veiller à l'accroissement de l'accès aux études supérieures.

On ne le dira jamais assez : la perspective d'accumuler une lourde dette a été un frein important pour nombre d'étudiants au moment d'envisager la poursuite des études après le secondaire. Sans parler d'un autre facteur important : la réduction du nombre des emplois pour les diplômés à cause de la récession du début des années 1990 et des coupures imposées par le gouvernement d'alors. Et puis faut-il rappeler que le marché du travail était à cette époque occupé largement par la génération des *baby-boomers,* encore à quinze ans de la retraite. Pour le jeune adulte au tournant des années 1990, le calcul était simple : si je poursuis mes études, je sors de l'école avec une énorme dette à rembourser et je ne suis pas même sûr de décrocher un emploi. Quelle idée de se mettre dans une situation aussi précaire!

Bien que l'action de la Fondation ait diminué l'endettement étudiant au pays, la dette demeurait préoccupante au moment où la Fondation amorçait la fin de son parcours. Au début de l'année 2009, la Fédération canadienne des étudiants estimait que les étudiants canadiens devaient collectivement la somme de 13 milliards de dollars au seul gouvernement fédéral. Ce qui exclut les dettes à leurs gouvernements provinciaux et territoriaux, aux banques, aux familles et aux autres prêteurs qui les avaient soutenus. Cette dette gigantesque s'accroissait chaque jour de 1,2 million de dollars!

18

Il y a deux façons de considérer la dette étudiante. C'est d'abord un problème individuel et personnel. Comme le faisait remarquer un parent lors d'une cérémonie de graduation, « c'est bien beau que ma fille ait obtenu un diplôme, mais qui va vouloir l'épouser maintenant? Elle vient avec une dette de 40 000 $! Quand pourra-t-elle envisager avoir des enfants? » Ensuite, la dette étudiante constitue aussi un problème collectif et national. Lorsque les coûts liés à l'éducation et l'endettement freinent des jeunes gens dans le développement de leurs capacités intellectuelles et de leur talent, le pays en souffre autant que l'étudiant lui-même. L'économie canadienne est encore dépendante des industries liées aux ressources naturelles, mais les emplois dans ces industries sont moins nombreux qu'avant, alors que les emplois dans plusieurs autres secteurs d'activité sont au contraire en pleine croissance. L'ouvrier d'usine est de plus en plus souvent remplacé par un diplômé en informatique, capable de répondre aux besoins nouveaux des entreprises. Avec le nouveau millénaire, le Canada a de moins en moins besoin d'ouvriers et de mineurs, et de plus en plus d'ingénieurs, d'informaticiens, de spécialistes en haute technologie, d'infographistes, de directeurs de production, de chercheurs en bioéthique, de monteurs pour le cinéma et la vidéo, d'analyste financiers, d'entrepreneurs soucieux des questions environnementales. Il est devenu absolument primordial de promouvoir les études postsecondaires pour que notre pays demeure compétitif et que nos entreprises restent à la fine pointe des développements technologiques.

La décision du gouvernement fédéral de venir en aide aux étudiants et de s'immiscer par le fait même dans le domaine de l'éducation répondait à une logique certaine, mais créait en même temps deux problèmes politiques majeurs.

Le premier soulevait la question constitutionnelle. Il ne faisait aucun doute que certaines provinces percevraient l'initiative fédérale comme une invasion d'un de leurs champs de compétence. De plus, le gouvernement fédéral avait éliminé son déficit budgétaire en le transférant en partie aux provinces... ou était-ce là à tout le moins le sentiment de quelques-uns des gouvernements provinciaux. Il fallait par conséquent beaucoup de tact et de diplomatie pour faire face aux objections des provinces, même si celles-ci se réjouissaient certainement de voir la Fondation disposer de sommes importantes dont elles pourraient bénéficier. De part et d'autre, on aurait donc tout intérêt à trouver un terrain d'entente.

Le second problème politique avait trait au budget fédéral lui-même. Il était difficile d'envisager un programme récurent pour un gouvernement qui venait tout juste d'éliminer son déficit. Mais on pouvait envisager une dépense ponctuelle, comme la création d'une Fondation. Le nouveau millénaire offrait cette possibilité. Presque tous les gouvernements à travers le monde prévoyaient, avec l'arrivée de l'an 2000, la construction de tours, de mémoriaux, de monuments ou des célébrations en grande pompe. Le gouvernement britannique, pour ne donner qu'un exemple, projetait déjà construire à Greenwich, sur la ligne du méridien le long de la Tamise, son fameux Dôme du millénaire, le plus grand dôme du monde, une œuvre conçue par l'architecte Richard Rogers au coût de 43 millions de livres. Que ferait le Canada pour souligner l'arrivée du nouveau millénaire? Il créerait un programme de bourses géré par une Fondation qui disposerait d'une importante somme d'argent. Comme le disait alors le premier ministre Chrétien, « mieux vaut un investissement dans les cerveaux que dans le béton »!

Une décision audacieuse... et controversée!

> La ténacité de Larry Baillie

· · · · · · ·

L E 29 mai 1990, Larry Baillie est au volant de
sa voiture, mais n'a pas pris soin de boucler
sa ceinture de sécurité. Un appel de gyro-
phares lui signifie de s'arrêter. Il s'empresse d'attacher sa ceinture
avant que le policier lui demande de baisser sa vitre et il se félicite
alors d'avoir ainsi évité une contravention.

À cette époque, Baillie était — cela ne s'invente pas! — ven-
deur d'animaux empaillés. Natif de Scarborough, Ontario, il
avait joint les forces armées lorsqu'il était jeune et avait hérité
de l'emploi le plus ennuyeux qu'on puisse imaginer : préposé
à une station radar quelque part en Saskatchewan. Pour contrer l'ennui, il s'était mis à la peinture à l'huile sous la tutelle
d'un maître. C'est ainsi que de fil en aiguille (ou de pinceau en
pinceau!), il avait participé à une exposition tenue lors du Stam-
pede de Calgary et qui réunissait ceux que l'on considérait être
les dix meilleurs artistes émergents de l'Ouest du Canada. Il
quitte ensuite la vie militaire, travaille comme représentant
publicitaire pour le *Calgary Sun* et le *Winnipeg Sun,* vend des pho-
tocopieurs et finit donc dans les animaux empaillés. Il est marié
et père d'un garçon. La vie est belle et bonne.

Le 30 mai 1990, le jour suivant l'épisode de la contravention évitée, Larry Baillie conduit encore sa voiture sans ceinture de sécurité, roule à fière allure sur l'autoroute près de Shaunavon en Saskatchewan. Le conducteur d'une camionnette omet de faire son arrêt et fait soudainement irruption devant lui. Sans qu'il ait le temps de freiner, il heurte la camionnette à 100 kilomètres heure. Il est éjecté de son siège et sa tête fracasse le pare-brise.

Cet accident le rend invalide. Il ne peut plus marcher ni même se tenir debout, son système nerveux et sa mémoire sont atteints. Incapable de se concentrer, il éprouve des douleurs constantes. Dans ses efforts pour réapprendre à marcher, il se déchire les ligaments de la cheville à trois reprises en quatre semaines. Il est alors considéré inapte, tant au travail qu'aux études. On considère son cas désespéré, et il ne saurait y avoir d'autre issue pour lui qu'une pension d'invalidité pour le reste de ses jours. Mais Larry refuse ce verdict.

« Je me suis promis deux choses, se souvient-il. La première est qu'après avoir réappris à marcher, je courrais un marathon. La seconde était que je retournerais à l'école et retravaillerais un jour. »

Un médecin lui recommande alors d'apprendre tout ce qu'il est possible de savoir sur son accident et de devenir un spécialiste des traumatismes qu'il a subis. Il se rend très vite compte que le nouveau processus de réhabilitation dans lequel il est engagé pour atténuer l'impact des lésions infligées à son cerveau a davantage de succès que celui qu'il avait entamé précédemment, et il apprend que les seuls progrès véritables sont ceux accomplis au cours des deux années qui suivent un accident. En d'autres termes : « si je voulais connaître une totale réhabilitation, je devais m'y mettre par moi-même et vite, parce que le système de santé est trop lent pour que je puisse mettre toutes

22

les chances de mon côté. Je me suis donc élaboré un programme personnel et l'ai suivi rigoureusement. C'est la tâche la plus ambitieuse et ardue à laquelle je me sois livré dans ma vie. »

Il s'abonne au YMCA, se met à la natation et pousse ses limites jusqu'à nager 90 minutes par jour! Il pesait 300 livres au départ; il atteint les 170 livres en s'astreignant à ce programme exigeant, constitué entre autres d'étirements et de divers exercices. Il retrouve progressivement l'équilibre. Puis, pour retrouver sa coordination et améliorer son tonus cardio-vasculaire, il commence à jouer à ce que l'on appelle en anglais le *short-court,* un jeu « qui ressemble au squash, mais qui fait moins mal quand vous la balle vous frappe! » Il se met même au bowling.

Trois ans après l'accident, des jambières spéciales lui permettent de courir un demi-marathon. Un an plus tard, c'est un marathon complet. Depuis, il en a couru huit. Durant une expédition de canot, il décide de se remettre à la peinture, à l'aquarelle cette fois. En 1997, une de ses œuvres est choisie par les cartes de la *Marche des dix sous,* et plus d'un million d'exemplaires sont distribués à travers le pays. Ses parents, qui ne savaient même pas qu'il s'était remis à peindre, reçoivent un exemplaire de la carte à la maison et remarquent sa signature. Sa mère l'appelle en larmes pour le féliciter.

Les inaptitudes de Larry Baillie ne disparaissent pas totalement, mais il apprend à vivre avec elles. Il devient chef scout et mascotte, entre autres pour l'équipe de football de l'Université de Winnipeg. Et comme sa pension d'invalide ne lui permet pas d'avoir de revenu, il oublie tout simplement de remplir ses cartes de temps! Il visite des malades dans les hôpitaux dans le rôle du clown Dr. Bubbles, un médecin distrait qui transforme son handicap en force. Il apprend à faire des tours de magie, change des bouts de corde en mouchoirs de couleurs et utilise l'humour pour désamorcer des situations embarrassantes, comme lorsqu'il a des moments d'égarement et qu'il oublie ce qu'il est en train de faire.

« Aller de l'avant, faire face à l'adversité, ne jamais regarder en arrière, telle est ma devise désormais. Il m'arrive de tomber. J'ai encore bien des défis à relever. Mais il n'en tient qu'à moi de ne pas me considérer comme un infirme. » Chaque jour, il se bat pour retrouver la mémoire, la parole, la concentration et l'équilibre, particulièrement lorsqu'il est fatigué. Et comme ses blessures et ses maux ne sont pas visibles, bien des gens jureraient qu'ils n'ont pas affaire à un handicapé... ou alors qu'il est juste un peu « bizarre ». Un chauffeur l'a même déjà expulsé de l'autobus parce qu'il le croyait soûl!

En 2003, devenu un véritable défenseur des handicapés et de tous les marginaux et profondément frustré de constater que bien des employeurs voient son handicap avant de voir la personne, il s'inscrit au Red River College de Winnipeg et obtient un diplôme avec mention A+. Deux ans plus tard, il s'inscrit au baccalauréat en travail social de l'Université du Manitoba, malgré les fortes objections de certains hauts placés de l'institution et de la faculté, qui considéraient que Larry n'y avait pas sa place, malgré ses très bons résultats scolaires. En 2007, piqué au vif par un confrère qui l'accusait d'avoir bénéficié d'un passe-droit pour entrer à l'université, il postule pour deux bourses de mérite nationales, particulièrement désireux d'obtenir celle de la Fondation des bourses du millénaire.

« La Fondation m'intéressait tout spécialement parce qu'on y retrouvait trois différents niveaux de bourses, et j'espérais remporter au moins le premier niveau. » Eh bien, à son grand étonnement, il obtient le troisième niveau de la bourse nationale en cours d'études de la Fondation. Il se souvient que « c'était aussi excitant que de gagner à la loterie, mais pas seulement pour l'argent. C'était la reconnaissance qui m'importait, une reconnaissance basée sur le mérite et sur le leadership. Pour une des premières fois de ma vie, on reconnaissait mes capacités et non mes incapacités! »

En 2008, Larry Baillie obtient son diplôme universitaire. Debout sur le côté de la scène, il pleure comme un enfant. Il trouve un job de travailleur social et informe le Régime de pensions du Canada (RPC) qu'il veut que son nom soit rayé de leurs listes; il n'aura dorénavant plus besoin de leur soutien. C'était la première demande formulée en ces termes dans toute l'histoire du RPC.

« Je dis parfois aux gens que j'ai peut-être reçu un choc à la tête et au cerveau, mais que cela a réveillé des parties endormies! » Endormi lui? Certainement pas. Mais cet accident atroce aura toutefois permis à Larry Baillie de devenir un exemple rare de courage, de détermination et de sagacité—et pas juste pour les handicapés, mais pour chacun d'entre nous.

> *deux*

L'ORIGINE DE LA FONDATION

. . . .

« L E VÉRIFICATEUR général est un plein de marde », déclare l'Auguste Personnage tout en trempant son pain dans un mélange d'huile d'olive et de vinaigre balsamique et en échangeant des propos dignes du plus fin des gourmets avec le serveur. Tout-puissant, intelligent et parfaitement bilingue, l'Auguste Personnage a œuvré sa vie durant au sein du gouvernement du Canada, dans des postes si élevés que l'air y était même un peu rare!

« Un plein de marde, répète-t-il avec assurance. Le vérificateur général déclare que le gouvernement ne devrait pas renoncer à ses responsabilités en les confiant à des fondations qui ont le bras long! Eh bien moi je dis que quand il vous reste de l'argent à la fin de l'année, il est recommandé de le placer dans des investissements à long terme, comme on l'a fait avec la Fondation des bourses du millénaire! »

Le vérificateur général expose ses griefs en 1999. Et une décennie plus tard, l'Auguste Personnage fulmine encore! Le

27

vérificateur général était consterné par cette décision pour deux raisons. D'abord, les fondations créées par le gouvernement Chrétien—essentiellement dans les domaines de l'éducation, de la recherche et de l'économie du savoir—échappaient à toute juridiction d'un ministère et à la mainmise d'un quelconque organisme gouvernemental. De ce point de vue, elles utilisaient des fonds publics tout en échappant au contrôle public. Et puis, en injectant ainsi d'importantes sommes d'argent issues de surplus budgétaires dans des fondations qui en feraient usage sur une période de plusieurs années, le gouvernement fédéral s'en servait pour « camoufler des surplus », falsifiant ainsi les comptes publics! Ces critiques paraissent aujourd'hui surréalistes, dans la période de grands déficits budgétaires actuels.

« La principale critique du vérificateur général consistait à dire que le Parlement donnait de l'argent sur lequel il n'avait plus par la suite aucun contrôle », ajoute l'Auguste Personnage, non sans un brin de hargne, et il ajoute : « Le Parlement donnait de l'argent, c'est vrai, mais en toute connaissance de cause. Et en créant la Fondation des bourses d'études du millénaire, il donnait naissance à une organisation structurée, saine, soumise à une vérification comptable et tout et tout. Le vérificateur général arguait qu'il serait préférable de consacrer cet argent au remboursement de la dette nationale. Oui, bien sûr, c'est une bonne chose de payer ses dettes, mais la création de la Fondation était aussi un choix politique. Et les politiciens ont pensé qu'il était mieux d'investir cet argent dans le capital humain! Pour qui diable le vérificateur général se prend-il pour oser dire que cela est insensé?! »

Il est vrai qu'un organisme indépendant telle la Fondation œuvre en dehors du contrôle des officines ministérielles, et ce n'est pas là le moindre de ses mérites, car cela lui permet de se préserver des pressions politiques à court terme. En accordant à la Fondation un mandat de dix ans et assez de moyens financiers pour échapper à la bataille annuelle de l'étude des crédits, le gouvernement a permis à la Fondation d'assurer ses partenaires d'une prévision à long terme, en sachant qu'elle existerait pendant dix ans et poursuivrait son travail quoi qu'il arrive, car elle ne pourrait être abolie advenant un changement de gouvernement. Dans un environnement conditionné par le court terme, la Fondation pourrait planifier et prendre en compte l'intérêt public dans la planification de ses activités. C'est donc dans cette voie que le gouvernement devait aller!

La Fondation possède une structure administrative transparente. Au départ, on a décidé qu'elle serait sous l'autorité d'un conseil d'administration constitué de quinze directeurs, eux-mêmes placés sous la supervision de quinze membres. Suite à un rigoureux processus de consultation mené à travers tout le pays, le gouvernement a désigné les six premiers membres, qui, pour leur part, ont nommé leurs neuf autres collègues. Ensemble, ils ont ensuite nommé neuf directeurs, et le gouvernement en a désigné six. Les candidats choisis devaient représenter le milieu des affaires, la fonction publique, le monde de l'éducation et la population étudiante.

Les membres choisissaient les vérificateurs externes de la Fondation, mais le conseil d'administration possédait son propre comité des finances et de la vérification, de même que des vérificateurs internes dont copie des rapports étaient remise aux vérificateurs externes. Chaque année, la Fondation a produit un rapport annuel très fouillé, qui rendait compte de l'ensemble de ses activités et projets et fournissait des bilans financiers rigoureux. Ce rapport annuel a été remis aux ministres fédéral et provinciaux concernés, aux députés et aux sénateurs; il a été déposé aux Édifices du Parlement et envoyé par la poste à des centaines de personnes susceptibles de s'y intéresser. De plus, le rapport annuel faisait toujours l'objet d'une discussion ouverte lors d'une assemblée annuelle publique des membres, tenue de concert avec l'Association canadienne des responsables de l'aide financière aux étudiants (ACRAFE). Les représentants de la Fondation ont également rencontré les caucus des divers partis politiques fédéraux et se sont aussi présentés devant des comités de la Chambre des Communes.

Il y a cinq ans, Norman Riddell déclara devant un comité de la Chambre que les directeurs et les membres actuels et passés comprenaient trois anciens premiers ministres provinciaux, deux anciens ministres de l'éducation, trois présidents de conseils d'administration de collèges, huit anciens ou actuels recteurs d'universités, les têtes dirigeantes d'organisations représentant les universités et collèges canadiens, six étudiants, neuf chefs d'entreprise, trois professeurs, deux représentants d'organismes à but non lucratif et le Grand Chef de l'Assemblée des Premières Nations. Et parmi toutes les entreprises représentées au sein du conseil figuraient BCE, Alcan, Bombardier, Motorola Canada, Syncrude et la Banque Royale.

Le vérificateur général semble avoir progressivement modifié son opinion face à la compétence et l'expertise de toutes ces personnes puisque son rapport de 2007 sur les fondations estimait que la Fondation canadienne des bourses d'études du millénaire « fournit toutes les informations pertinentes quant à ses réalisations, permettant de croire qu'elle atteint pleinement ses objectifs et ne manque pas de rendre compte de ses activités au Parlement ». En termes moins officiels, cela frise l'enthousiasme délirant!

LA FONDATION canadienne des bourses d'études du millénaire est née sous l'égide de Ressources humaines et Développement des compétences Canada. Le sous-ministre d'alors, Mel Cappe, assigna au dossier Robert Bourgeois, devenu depuis vice-recteur à l'administration de l'Université Laurentienne de Sudbury.

Le premier président du conseil d'administration de la Fondation, Yves Landry, chef de la direction de Chrysler Canada, était malheureusement décédé peu après avoir été désigné à ce poste. Robert Bourgeois rassembla alors à Ottawa un groupe de travail réunissant quatre ou cinq personnes pour entamer le processus ardu de sélection des membres et des directeurs de la Fondation.

« Nous voulions nous assurer d'avoir des assises dans tout le pays », explique Robert Bourgeois, soucieux d'un équilibre tant sur le plan des régions représentées, des langues, des sexes, des origines ethniques que des allégeances politiques. « Nous avons envisagé plusieurs candidats, pour lesquels nous pesions le pour et le contre, jusqu'à ce que le Bureau du Conseil privé, qui a pour mission de conseiller le premier ministre et le Cabinet, considère qu'il avait les bonnes personnes, susceptibles d'être jugées adéquates au plan national. »

Bourgeois travaillait alors avec un nouveau président du conseil, Jean Monty, chef de la direction de BCE Inc. (autrefois Bell Canada Entreprises), une des grandes figures du monde des affaires au pays. Ce dernier avait accepté le poste à la demande personnelle du premier ministre Jean Chrétien. Monty et Bourgeois demandèrent à David Smith, ancien vice-chancelier à la Queen's University de Kingston (Ontario), de mener une consultation auprès de acteurs du monde de l'éducation du pays et de faire des recommandations sur l'équilibre souhaitable entre bourses d'études et bourses d'excellence, les critères d'admissibilité et les définitions du besoin et du mérite. Présenté en décembre

31

1998, son rapport révélait que toutes les personnes consultées s'entendaient sur le fait que 95 % des bourses devaient être attribuées sur la base du besoin financier des étu-diants et exposait quelques-uns des critères pour déterminer le besoin et distribuer équitablement les bourses selon les régions. Le rapport établissait également des balises concernant les 5 % consacrés aux bourses d'excellence.

La Fondation a été incorporée en bonne et due forme en juin 1998 et a alors lancé un appel d'offres pour la gestion des 2,5 milliards de dollars qui allaient lui être transférés quelques semaines plus tard. Ce qui était pour le moins délicat, comme le rappelle Robert Bourgeois, car « vous ne pouvez pas ainsi injecter des sommes aussi importantes dans le marché sans créer des remous; aussi cela a-t-il du être fait par étapes, de telle sorte que le marché n'éprouve pas de secousses négatives ».

« Les discussions étaient fort intéressantes. Mel Cappe et Jean Monty se questionnaient par exemple sur la pertinence d'attribuer les bourses à des étudiants qui se destinaient à des champs d'activité « pratiques », comme l'ingénierie ou le commerce. Je me souviens que Mel rétorquait avec force que la société avait aussi besoin de poètes et de philosophes et qu'on ne devrait par conséquent jamais oublier que l'éducation ne se limite pas seulement aux sciences exactes et à l'ingénierie. Son point de vue l'a finalement emporté. Et je crois que ça a été là une bonne décision. Et une autre fort bonne décision a été de consacrer la grande majorité des bourses aux étudiants qui souhaitaient entreprendre des études, afin de promouvoir ainsi l'accès. »

Robert Bourgeois rappelle à quel point « Jean Monty était un homme agréable. Son apport a été considérable. Il a fait appel au directeur des communications de BCE afin de concevoir le logo et l'image de la Fondation. Je me souviendrai toujours du moment où nous étions tous assis dans une salle de conférence et où Jean Monty nous a présenté ces gens qui étaient là avec leurs maquettes et leurs esquisses. Ce travail aurait pris des semaines, pour ne pas dire des mois, si on avait été au gouvernement. Mais Jean nous a regardé et a dit : moi ça me semble très bien, qu'est-ce que vous en dites? On passe au vote. C'est décidé! En cinq minutes, toutes les décisions étaient prises. »

C'est beaucoup grâce à l'influence de Jean Monty que la Fondation s'est installée à Montréal. « C'était un choix stratégique, acquiesce l'Auguste Personnage. Si on avait implanté les bureaux à Ottawa, il y aurait forcément eu des gens pour dire qu'en réalité le gouvernement veillait aux grains! Et on ne va pas se le cacher : c'est clair que la Fondation devait établir des liens avec le Québec. Et comme Montréal reste le centre névralgique du Québec, même si ce n'est pas la capitale, la décision ne fut pas longue à prendre! On se retrouvait ainsi dans aucune des capitales provinciales ni à Ottawa, mais dans une ville majeure, liée à tous les grands centres du pays. De la même manière, si la Fondation comptait quatre francophones sur son conseil, ce n'était pas un hasard. Il fallait savoir manier les symboles. »

John Stubbs, autrefois recteur de l'Université Simon Fraser de Colombie-Britannique et membre du conseil depuis le début de l'existence de la Fondation, va dans le même sens : « Jean Monty était la personne idéale pour prendre les commandes. Sa nomination a été un coup de génie, d'abord à cause de son carnet d'adresses! Il était en mesure de décrocher le téléphone, d'appeler directement n'importe quel dirigeant du pays et de lui dire : on a besoin de ton appui. J'aurais aimé être un petit oiseau et voir comment il parvenait à convaincre les gens! Je n'ai jamais vu personne mener une réunion comme lui. Vite fait, bien fait!

Pas de chichi! Excusez-moi Monsieur, mais on a déjà abordé cette question tout à l'heure. Une autre question? »

Le directeur des communications de la Fondation, Jean Lapierre, garde le même souvenir. « Un jour, on me demande de présenter ma stratégie de communications au conseil d'administration, mais le moment venu, il est déjà midi moins dix et Monty ne veut pas que les choses s'éternisent jusqu'après le lunch. Il me dit : peux-tu présenter ton plan en dix minutes? Si tu n'y arrives pas, tu es congédié! » Et il ne blaguait probablement pas!

Alex Usher conseillait alors la Fondation sur les politiques et se souvient que la vision de Monty était claire : « Le conseil doit être d'accord avec l'équipe. Si le niveau de confiance tombe en bas de 99 %, on change l'équipe! »

Comme il s'agissait d'une agence fédérale—même si, répétons-le, elle échappait au contrôle gouvernemental—, la Fondation n'était pas totalement bienvenue au Québec. Elle a même eu de la difficulté à trouver des locaux pour se loger. C'est ainsi que Monty a d'abord hébergé la Fondation dans ses propres bureaux et a dû expliquer aux locataires de l'immeuble pourquoi des étudiants manifestaient et bloquaient l'entrée!

« Vous pouvez imaginer l'allure des premières réunions du conseil », dit Jeannie Lea, ancienne ministre de l'Enseignement postsecondaire de l'Île-du-Prince-Édouard, qui, dès le début, a siégé au conseil d'administration. « On avait ce chef de direction à la tête de notre conseil, une superstar dans son genre, et on se rencontrait toujours dans l'édifice de Bell, à Montréal ou à Toronto. Monty était l'homme du gros bon sens et il tenait son rôle à la perfection. Tout était mené si rondement qu'on n'avait pas même le temps de faire connaissance avec les autres membres du conseil! Pas de temps à perdre avec ce genre de détails! Vraiment un homme fascinant que ce Jean Monty! »

LA NOMINATION de Norman Riddell au poste de directeur exécutif et chef de la direction de la Fondation figure parmi les décisions les plus importantes prises par le conseil d'administration. Il est officiellement entré en fonction le 25 janvier 1999.

« Sa nomination a soulevé des vagues pour diverses raisons, souligne l'Auguste Personnage. D'abord, c'était un anglophone. Comment croyez-vous développer une collaboration avec le Québec avec un anglophone? Deuxièmement, il a été fonctionnaire québécois. Croyez-vous vraiment pouvoir doter la Fondation d'une envergure nationale en établissant ses bureaux à Montréal et en confiant les rênes à un ancien fonctionnaire québécois? En d'autres termes, il était un paria à la fois parce qu'anglophone et Québécois! Incroyable! Mais je pensais que, s'il parvenait à établir la crédibilité de la Fondation au Québec, celle-ci s'étendrait à travers tout le pays. C'est au Québec que l'os était le plus difficile à avaler! Et puis il faut bien reconnaître que, même si on le détestait au Québec, on allait au moins prendre la peine de répondre à ses appels! En outre, plusieurs observateurs ne croyaient pas qu'il avait la perspective nationale nécessaire pour occuper de telles fonctions. Donc, aux yeux de beaucoup de gens, c'était un mauvais choix. »

Mais attention! Originaire de Moose Jaw en Saskatchewan, Norman Riddell détenait un doctorat en philosophie de l'Université Stanford de Californie, où il avait présenté une thèse sur la tradition théologique dans la pensée politique anglaise. Il a ensuite commencé une carrière au ministère des Affaires étrangères à Ottawa, pour éventuellement partir à l'étranger. Il est devenu plus tard secrétaire de cabinet en Saskatchewan, où il a tenu une part active dans les négociations fédérales/provinciales du lac Meech. Il a par la suite été sous-ministre responsable de l'immigration pour le Québec, où il a démontré qu'il s'exprimait très bien en français. Il s'est par la suite établi à Edmonton et a occupé le poste de vice-recteur associé à l'Université de l'Alberta.

Alors, Norman Riddell, un homme sans perspective nationale? « Ses détracteurs se sont trompés, déclare l'Auguste Personnage. Il avait visiblement une vision de ce que la Fondation pouvait devenir. Il m'a beaucoup impressionné. »

Riddell était en effet porteur d'une nouvelle vision de ce que pouvait être un organisme public. Il avait 55 ans, et la Fondation représentait à cette époque un sommet dans sa carrière. Il partageait l'opinion du ministre des Finances Paul Martin que les fondations (« ces organisations parapubliques », pour reprendre les termes d'un observateur) pouvaient permettre de faire les choses autrement. Ce nouveau poste lui donnait la chance de démontrer comment les affaires publiques pouvaient être menées. « Dans la machine gouvernementale, dit-il, j'ai dirigé des organisations très structurées, où l'accent était mis sur le processus. J'ai développé une autre vision de l'organisation. Diriger une Fondation comme celle-ci ou un ministère de 1 500 employés, cela n'a absolument rien à voir!

Pour dire vrai, le train-train des affaires gouvernementales commençait à peser lourd sur les épaules et sur la conscience de Norman Riddell, qui avait perdu quelques illusions « quant aux bienfaits que le gouvernement pouvait apporter à la société. Je devais me rendre à l'évidence et constater que les moyens importaient souvent bien plus que les fins. J'entendais trop de gens dire : "J'ai suivi le processus à la lettre, qu'est-ce que je peux y faire si, au bout de la ligne, rien n'a changé!" En fait, moi, je pense le contraire. La seule question importante, c'est de savoir si on a pu changer la situation pour satisfaire le besoin du client ou corriger un problème. »

« Voilà la raison pour laquelle, dès le départ, j'ai souhaité établir une structure où les procédures et les méandres administratifs seraient réduits au minimum, précise-t-il. Notre but était de bâtir une organisation aussi réduite et souple que possible, pour la raison bien simple que, plus il y a des gens et d'intermédiaires, plus la gestion vous occupe. Dès le début, j'ai dit : pas de service des ressources humaines, pas de service d'infotechnologie, pas de service du contentieux. Nous ferons appel à ces ressources à l'extérieur. Nous travaillerons autant que possible en collaboration, et notre tâche consistera à réunir toutes les pièces du puzzle. Et, puisque l'organisation serait petite, cela conditionnerait forcément le type d'employés que nous embaucherions et notre façon de les gérer. En deux mots, simplifier l'organisation hiérarchique, donner des objectifs généraux aux employés et les laisser prendre des décisions. »

Ultimement, la Fondation n'emploiera qu'une quarantaine de personnes, toutes réunies sur le même étage d'un édifice de Montréal, une organisation terriblement efficace, comme l'explique si bien le directeur exécutif associé, Andrew Parkin, qui se souvient d'une rencontre avec le vérificateur général en 2007. « On nous interrogeait sur la collecte des plaintes des étudiants. — Comment procédez-vous? — Je me contente alors de répondre : eh bien, les étudiants appellent à la réception et Maria, la téléphoniste, les met en contact avec la personne en mesure de répondre à leurs questions et de résoudre le problème. Comme ça, si des erreurs ont été commises, que ce soit dans une lettre officielle ou ailleurs, et que le téléphone ne dérougit pas d'appels venus du Nouveau-Brunswick, par exemple, elle va s'en rendre compte et nous en informer. »

« Très bien, m'objecte-t-on, mais toutes ces plainte sont notées, n'est-ce pas? — Oui, Maria les prend en note. — Et vous préparez un rapport mensuel et, à la fin du mois, vous tenez une réunion pour discuter de ce rapport?—Non, attendez, je crois que vous n'avez pas bien compris. Si Maria constate qu'une série d'appels proviennent du Nouveau-Brunswick, elle le dit à Norman directement; il passe devant son bureau cent fois par jour! Et puis Norman vient voir quelqu'un de l'équipe et lui dit tout de suite qu'il y a un problème. Pas besoin de rapports, de notes, de réunions pour ça! »

En outre, la Fondation a toujours souhaité souligner de façon tangible le succès de ses employés. Ainsi, une part substantielle de la paie ne serait accordée que « sous certaines réserves » Comme le souligne encore Norman Riddell, « plus haut vous êtes dans la hiérarchie, plus votre paie dépend de l'énergie que vous déployez. Disons que vous vous attendez à gagner 60 000 $ par an, eh bien je vais vous assurer seulement 45 000 $ et le reste dépendra de l'atteinte de vos objectifs. Le bonus est donc plus grand et il est directement lié à votre performance. Quelle a été votre contribution à l'organisme? Vous livrez la marchandise? Très bien. Vous vous tournez les pouces? Tant pis pour vous! C'est clair que cette décision a eu un impact énorme : les employés ont fait montre de plus de créativité et se sont investis vraiment. Et ça a fait en sorte qu'il régnait dans les bureaux de la Fondation un esprit que l'on ne retrouve pas souvent ailleurs. »

« Et une autre chose importante : nous avons très vite pris l'habitude d'admettre nos erreurs. Je peux vous assurer que, pour ma part, je fais au moins une connerie par jour! Et il me semble complètement absurde d'obéir au système de Westminster, selon lequel quiconque est assis à la droite de Dieu a toujours 100 % raison et celui qui est assis à sa gauche 100 % tort. C'est grotesque et stupide! »

Au cœur de toute l'organisation, il n'y a jamais eu qu'une seule et unique personne : l'étudiant. La Fondation a été créée et conçue pour être à son service.

Norman Riddell insiste là-dessus : « Cette vision, elle vient de Jean Monty, mais c'est une manière de voir les choses que je partage avec lui et avec tous les membres du conseil d'administration. On nous a donné deux milliards et demi de dollars. C'est beaucoup d'argent et nous n'avons jamais cessé de croire que nous devions faire en sorte que cet argent aille aux gens auxquels il était destiné. C'est la raison pour laquelle notre structure administrative était aussi réduite : l'argent que vous dépensez en paperasserie est autant d'argent qui ne va pas aux jeunes qui seraient en mesure de l'utiliser à bon escient ou qui pourrait servir à élaborer des programmes plus efficaces. C'est une question éthique. Dans une fondation de bourses d'études, l'argent doit aller aux étudiants! »

Cette vision a fait en sorte que l'équipe a toujours eu une attitude très singulière face à l'argent, une attitude à la fois pingre et généreuse. Si on considérait qu'il fallait injecter de l'argent pour mieux servir la mission de la Fondation, en investissant par exemple dans des évaluations rigoureuses, on le faisait sans hésiter. À l'opposé, la Fondation avait régulièrement recours à des ressources extérieures, en particulier les provinces, mais également le Conseil mondial du pétrole et le YMCA; elle a abondamment compté sur l'aide de bénévoles, et les membres de son conseil d'administration n'ont jamais eu droit qu'à une rémunération très modeste, que la majorité d'entre eux d'ailleurs, à commencer par Jean Monty, a refusé d'encaisser.

Norman Riddell le proclame haut et fort : « Le changement a constitué la clef de voûte de la Fondation, son idée maîtresse. La Fondation regardait l'avenir, favorisait tout ce qui pouvait créer du changement. Que ce soit avec ses employés, ses boursiers ou avec ses fournisseurs et partenaires, les rapports étaient fondés sur l'idée qu'il fallait changer le cours des choses, orienter les gens dans une voie nouvelle et enrichissante. »

Comme l'écrivait l'essayiste et philosophe américain Ralph Waldo Emerson, « une institution n'est jamais que l'ombre allongée d'un seul homme ». Et cet homme, dans le cas de la Fondation canadienne des bourses d'études du millénaire, avait pour nom Norman Riddell. Un homme remarquable, qui répondait à un conseil d'administration fort et qui a su s'entourer d'une équipe tout aussi forte. Un homme de taille moyenne, chauve et binoclard, habituellement vêtu d'un complet marine, d'une chemise blanche et d'une cravate de bon goût. Un parfait gentleman, arborant la tenue parfaite d'un digne employé de l'État. Cependant, ne vous fiez pas trop aux apparences! Sous ses dehors « très propre sur lui », Norman Riddell est depuis toujours un entrepreneur qui aime le risque, un athlète qui vise la plus haute marche du podium, un apôtre du changement qui s'efforce de diffuser la première leçon de son Évangile : la transformation des consciences!

Un homme timide, mais passionné. Un mélomane qui a envisagé sérieusement faire une carrière de pianiste et qui joue encore, magnifiquement, aux dires de certains de ses collègues. Un homme qui adore les trains électriques! Jeune diplomate au Sénégal, il est tombé amoureux d'une femme au premier regard. Cinq mois plus tard, ils étaient mariés. Ils le sont toujours. Un vieil ami du couple décrit Claudia Riddell comme une femme forte et déterminée, et leur relation « très vive, mais il clair que Norman se voue entièrement à sa Claudia ». Norman Riddell garde précieusement en tête la liste de tous les endroits qu'il désire voir avec sa tendre moitié avant de mourir.

Lorsqu'une idée lui vient en tête, il a tendance à oublier que les gens de son équipe en ont déjà plein les bras de ses nouvelles idées précédentes qu'il n'a pas manqué de leur imposer! Mais gare à eux s'ils ont le malheur de mettre le holà et de se montrer peu réceptifs, car Monsieur Riddell peut cesser d'être un patron modèle et se montrer « sympathique comme une porte de prison »! En d'autres termes, obsédé par son idée de réduire les effectifs et de bâtir une équipe minuscule, raconte un employé de la première heure, « il nous a mené à la férule, nous, pauvres galériens, et comme nous n'étions pas tous des Ben-Hur, il a bien failli avoir notre peau! »

Maintenant que la Fondation a cessé ses activités et que le Gengis Khân canadien ne peut plus faire régner la terreur, voici quelques échos sur le sympathique tyran :

Norman est extraordinairement brillant et curieux. Il est passé maî-tre dans l'art de pouvoir obtenir de vous tout ce qu'il veut.

Il est très exigeant. C'est un perfectionniste. Certains l'ont sur-nommé le trafiquant d'esclaves. Pas moi, bien sûr!

Il est parfaitement capable de vous réprimander devant tout le monde, ce qui n'a rien d'agréable, croyez-moi!

Il y a à la Fondation des valeurs qui viennent d'en haut de la pyramide, des valeurs incontournables et fondamentales. Ce sont celles de Norman. Rien ne saurait les lui faire renier.

C'est une force de la nature et un patron fantastique... tant et aussi longtemps que vous mettez l'épaule à la roue et que vous lui permettez d'avancer. Mais, si vous le freinez dans ses initiatives, malheur à vous!

Il est peut-être vieux jeu, mais, à ce jour, il est le patron le plus ouvert que j'ai eu et il est toujours demeuré soucieux de ses employés, même ceux qui sont tout en bas de l'échelle. Mais, si vous n'avez pas sa confiance, vous n'êtes pas mieux que mort!

C'est un excellent négociateur... tellement qu'il y a des gens qui ne se rendent pas même compte en lui parlant qu'ils sont en pleine négociation!

41

Le respect et l'attention portés au mandat de la Fondation et notre responsabilité à l'endroit de l'argent dont nous disposions, ce sont là deux principes qu'il aura toujours défendus bec et ongles.

Son leadership a vraiment modifié le cours des choses.

Alors vous êtes en janvier 1999, vous vous appelez Norman Riddell, vous vous retrouvez responsable du plus important projet du nouveau millénaire au Canada et le premier ministre souhaite que les premiers chèques se retrouvent dans la boîte aux lettres des étudiants au tout début de l'an 2000! Cela vous laisse onze mois pour rassembler les pièces du puzzle : finance, administration, programmes de bourses, bourses d'excellence, communication et promotion, tout! 3–2–1, partez!

Vous avez donc besoin de gens. Vous savez d'ores et déjà que vous distribuerez au moins 100 000 bourses chaque année et, éventuellement, 900 bourses d'excellence. D'abord, il vous faut une base de données, des comptables, des administrateurs et une réceptionniste! Le programme de bourses d'excellence va exiger forcément qu'on définisse ce qu'est le mérite et crée un processus de mise en candidature. Vous aurez par conséquent aussi besoin d'une équipe de communications et d'une équipe qui se consacrera aux bourses générales, sans parler de ceux qui évalueront les demandes déposées.

En outre, vous aurez besoin de personnel en mesure d'identifier les étudiants dans le besoin et de faire en sorte qu'ils reçoivent prioritairement l'aide nécessaire. Et, puisque la loi qui vous a créé vous intime de travailler en collaboration avec les provinces pour que soient évités les redoublements de tâches et de procédures, vous devrez négocier une série d'ententes avec celles-ci. Et vite! Parce qu'un *tsunami* de protestations déferle déjà sur vous en provenance des provinces, qui toutes ont l'impression que le gouvernement fédéral vous a créé avec les surplus budgétaires qu'il a réalisés en déchargeant certaines de ses responsabilités sur leur dos. Quelqu'un devra donc avoir le tact nécessaire pour apaiser les fureurs et tenter d'amadouer les provinces piquées au vif. Qui, pensez-vous?

« Je crois que la grande majorité des personnes envisagées pour le poste de Norman n'aurait pas été en mesure d'accomplir la tâche qu'il a accomplie », proclame Andrew Woodall, directeur du programme de bourses d'excellence du millénaire, qui a joint la Fondation à mi-parcours, « et ce, en partie à cause de la qualité des gens dont il s'est entouré dès le départ ». La Fondation a vite fait appel à quatre experts dans leur domaine respectif : Paul Bourque, directeur, Finances et opération; Jean Lapierre, directeur des communications; Alex Usher, directeur, Recherche et développement de programmes; et Franca Gucciardi, coordonnatrice nationale des bourses d'excellence du millénaire.

Franca Gucciardi avait 28 ans et venait tout juste de quitter son poste de directrice associée de la Fondation canadienne des bourses de mérite (FCBM) à Toronto, qui distribue chaque année un faible nombre de bourses d'études prestigieuses. Elle envisageait s'inscrire au doctorat… lorsqu'elle reçut l'appel de Norman Riddell.

« Il m'a alors demandé si ça pouvait m'intéresser de travailler à la mise au point d'un programme de bourses d'excellence, se souvient-elle. J'ai répondu non, et il m'a alors répliqué du tac au tac : écoute, avant de prendre ta décision, pourquoi ne viens-tu pas me voir et passer un week-end à Montréal? Un week-end à Montréal? Bon, très bien! Je suis donc venue le rencontrer, plus par politesse qu'autre chose. Je voulais qu'il me fournisse de bonnes raisons de refuser son offre. Je lui ai posé une foule de questions (Qui va élaborer les critères? Qui va mettre au point le processus de sélection? etc.), et j'ai vite compris qu'il comptait vraiment sur moi pour prendre les choses en main. C'est ma vision et mon expertise qui l'intéressaient. Alors j'ai fini par dire oui! Deux semaines plus tard, je me retrouvais devant mon ordinateur à Montréal à me dire : bon, maintenant qu'est-ce que je fais? C'est à moi à élaborer ce programme! Moins de six mois plus tard, le processus de sélection avait été approuvé par le conseil d'administration, et nous avions mis au point les formulaires, avions recruté les évaluateurs et fait une première sélection. »

« Je trouvais ça incroyable, ajoute-t-elle, de me retrouver au sein d'une équipe avec Alex Usher et Norman, et de disposer d'un budget aussi colossal. Je sentais bien que j'avais la possibilité d'accomplir quelque chose de grand. Vraiment, ce travail me donnait des ailes! Il y avait quelque chose dans l'air, une énergie exceptionnelle! Et la liberté dont je disposais! Et la qualité de mes collègues! Surtout durant les premières années, au cours desquelles nous avons tout bâti à partir de zéro, c'était magique! »

Tiens, j'entends d'autres échos qui circulent dans les corridors :

Franca a abattu un travail colossal. Elle est formidable.

Rien ne lui échappe. Elle voit tout. Elle note tout. Elle est d'une méticulosité rare.

Le processus de sélection qu'elle a mis au point est brillant.

Franca a l'étoffe d'un général!

Alex Usher, pour sa part, avait été un leader étudiant qui, en 1995, avait réuni tout un contingent d'écoles membres de la Fédération canadienne des étudiants pour créer l'Alliance canadienne des associations étudiantes (ACAE). Rétrospectivement,

Norman Riddell se rend compte qu'aux yeux de la Fédération canadienne des étudiants, faire appel à Usher, « c'était pactiser avec le diable, c'était faire entrer le loup dans la bergerie »! Même en 2007, huit ans après la création de la Fondation, la Fédération continuait à égratigner la réputation de la Fondation en proclamant qu'elle constituait « un lamentable échec dans l'aide aux étudiants », une « vaste entreprise de relations publiques », qui se résumait à mettre ensemble « toute une série de programmes provinciaux qui n'ont rien à avoir avec une réelle aide financière ».

Alex Usher est malin comme un singe. Il a l'esprit vif, il est impatient et drôle. Après avoir obtenu son diplôme de l'Université McGill, il a travaillé pour l'Association des universités et collèges du Canada, où il a participé activement au projet de réforme de l'aide aux étudiants présenté au gouvernement par la Table de concertation pour l'aide étudiante, un projet réunissant tous les groupes qui représentaient les étudiants, les facultés, les universités et les collèges. La Table de concertation plaidait en faveur d'une série de mesures, incluant des fonds pour comptes d'épargne études, des retraits possibles de REER (Régimes enregistrés d'épargne-retraite) dans le but de financer les études, davantage de flexibilité dans les prêts étudiants et la création d'un programme national de bourses.

Usher a ensuite multiplié les efforts de lobbying, et ces efforts ont été récompensés : « Le budget fédéral de 1998 sur l'égalité des chances n'en avait que pour nous. Nous avions obtenu à peu près tout ce que nous voulions. Pas toujours de la façon dont on l'avait souhaitée—la Fondation n'apparaissait pas dans nos demandes—mais l'essentiel de nos vœux était exaucé. »

En faisant ses recherches pour établir les demandes de la Table de concertation, Usher avait étudié méticuleusement les formes d'aide aux étudiants, pas seulement au Canada, mais aux États-Unis et ailleurs dans le monde. Ainsi avait-il développé une expertise rare en ce domaine, qui faisait de lui un candidat idéal pour la Fondation. Aussi, il n'a pas été étonné outre mesure quand Norman Riddell a fait appel à lui et lui a demandé de lui venir en aide dans ses négociations avec les provinces. Il a d'abord été nommé « conseiller aux politiques » et puis on lui a confié la responsabilité de créer le programme de recherche de la Fondation.

Chut! Je crois que j'entends encore des voix :

Alex est presque devenu un mythe parmi nous, un mythe ou une légende… et parfois aussi l'objet de bien des caricatures!

Il est allumé et il a cette lumière dans l'œil qui lui permet de détecter tout de suite tous les enjeux.

Alex est allergique aux imbéciles.

C'est un maniaque de football, il est drôle et d'un commerce très agréable.

Alex Usher est un péteux de broue que je ne peux pas blairer. Mais qu'est-ce que tu veux que je te dise : il a fait une maudite bonne job à la Fondation!

Il a eu une influence considérable dans son domaine, celui de l'aide financière aux étudiants, et sur tout le paysage de l'éducation postsecondaire au Canada.

46

À LA base de la Fondation canadienne des bourses d'études du millénaire, il y a eu des préoccupations fondamentales, qui ne se sont jamais démenties, préoccupations pour l'éducation, les générations montantes, leurs rêves, leurs espoirs et leurs idéaux.

Un jour à Ottawa, lors d'une conférence réunissant les récipiendaires de bourses d'excellence, Norman Riddell s'est retrouvé pris dans un ascenseur avec quinze d'entre eux. « Le moins qu'on puisse dire, c'est qu'on était serrés, se souvient-il en rigolant! Et on est restés là un bon bout de temps. Alors l'un d'eux s'est dit qu'il fallait faire contre mauvaise fortune bon cœur et tuer le temps de façon intéressante. L'idée lui est venue de demander à chacun de raconter un épisode significatif de sa vie. Ils venaient de partout au Canada et n'avaient pas vraiment eu la possibilité de faire connaissance jusque-là. Un jeune homme a brisé la glace en disant qu'il était devenu assistant pasteur à son église au cours de la dernière année. À ses yeux, la foi est à la base de bien des gestes posés par les gens de sa petite communauté, et cela devait être respecté. Ce qui, selon lui, n'était pas toujours le cas dans les milieux urbains. Juste derrière lui, dans le coin, une jeune fille de Toronto, coincée comme une sardine, prend à son tour la parole : moi, dit-elle, j'ai trouvé un bon job d'été, faire des comptes rendus de films pornos! Eh bien tu ne devineras jamais ce que l'assistant pasteur lui a répliqué le plus sérieusement du monde : Qu'est-ce qui fait selon toi un bon film porno? Bonne question en effet! Et attitude tout ce qu'il y a de plus respectueuse! Notre assistant pasteur ne la traitait pas comme une pauvre âme qu'il fallait sauver de la géhenne! »

« Je blague, mais indirectement la Fondation, c'était ça : la rencontre de gens de tous horizons, qui avaient des vies et des intérêts parfois à mille lieues les uns des autres. Que vous soyez critique de films pornos ou chrétien engagé, cela ne dit pas tout de vous, de ce que vous êtes fondamentalement, de votre recherche intérieure et de vos aspirations dans la vie. Et l'éducation qui, je le répète, est notre préoccupation fondamentale, permet entre autres d'abolir les jugements rapides et les perceptions biaisées pour regarder tous les individus et tous les parcours avec respect, en prenant soin de ne pas laisser ses préjugés prendre le dessus. Comme le disait si bien Voltaire, on façonne les plantes par la culture, et les hommes par l'éducation. »

47

› Une famille de boursiers

. . . . . .

« APRÈS QU'ON ait tous les trois obtenu une bourse, papa et maman aimaient bien aller dans des parties et voir des amis, dit Erin Aylward, et répondre à la question : quoi de neuf chez vous? » Les parents sont toujours fiers comme des paons quand leurs enfants accomplissent des exploits!

Geoff et Elaine Aylward vivent à Mount Pearl (Terre-Neuve), une petite localité située en banlieue de St. John's. Leurs trois enfants—Stephen, 21 ans, Erin, 20 ans, et Meaghan, 19 ans— ont tous trois obtenu une bourse d'excellence du millénaire. Ils ne sont pas la seule famille au pays à avoir ainsi cumulé les bourses; au moins huit autres familles ont vu deux ou trois de leurs enfants récompensés.

Comment expliquer un tel succès? Qu'avait donc fait la famille Aylward pour mériter ça? Erin amorce une réponse : « On nous a aimés, à la fois nos parents et nos grands-parents, tant du côté paternel que maternel, qui venaient tous de St. John's. J'ai toujours senti qu'on éprouvait pour moi un amour inconditionnel et qu'on allait me soutenir quoi qu'il arrive. Avec ce plus formidable des cadeaux en main, comment ne pas avoir confiance en soi et ne pas se croire capable de déplacer des montagnes! Et puis, ajoute-t-elle, on a eu la chance de fréquenter l'école secondaire Holy Heart of Mary, une école qui défend des valeurs de tolérance et qui a instauré avec succès un programme sports-études et des concentrations en musique et en art. Cette école est vraiment bien, et tous les professeurs soutiennent les étudiants dans leurs initiatives. »

Meaghan est d'accord et ajoute son grain de sel : « Tous les trois, on a eu droit à un appui de chaque instant, chaque fois qu'on avait un projet en tête. Par exemple, si Stephen décidait de se lancer dans une collecte de canettes et de bouteilles vides, c'était certain que nos parents allaient nous encourager à en faire autant, Erin et moi on embarquait et ça devenait un projet familial. »

Erin et Meaghan habitent encore toutes deux chez leurs parents et fréquentent l'Université Memorial de Terre-Neuve. Stephen, lui, est inscrit à l'Université McGill à Montréal. Les trois ont fait l'expérience de l'immersion française et ont complété avec succès le très exigeant programme de baccalauréat international à Holy Heart. Avec ses mille étudiants, Holy Heart est la plus importante école secondaire de la province et la seule à offrir le programme international. C'est aussi une des rares écoles de Terre-Neuve où l'anglais est la langue seconde, ce qui ne manque pas de donner à cette institution d'enseignement un caractère cosmopolite. En outre, Holy Heart est très forte en hockey et en rugby—Erin joue au rugby—et occupe régulièrement le haut du classement lors de compétitions comme celles de Shad Valley ou de l'Expo-sciences pancanadienne. La chorale de l'école a remporté une médaille d'or lors d'une compétition internationale à Vienne, il y a quelques années, participe régulièrement à des concours et fait des tournées à travers le monde. Les trois enfants Aylward ont aussi chanté dans le chœur pour enfants de Terre-Neuve, un chœur de réputation internationale qui, chaque année, se produit en Argentine, en France, en Espagne, au Danemark, aux États-Unis et en Irlande.

En outre, l'école Holy Heart est l'une des rares institutions d'enseignement au Canada à adhérer au Comité pour la justice sociale (CJS), cet organisme d'éducation publique qui œuvre pour la défense des droits de la personne et la réduction des injustices sociales dans les pays du Tiers Monde. Stephen, Erin et Meaghan ont tous trois fait partie de ce comité, eux qui croyaient et croient encore en la nécessité de s'engager pour une société plus juste, de chercher des moyens d'éradiquer la pauvreté et de lutter contre la violation des droits de la personne. L'école fait partie de l'organisation Interact, une branche jeunesse du club Rotary. Elle est jumelée à l'école Pasha Sayed, située à Kandahar en Afghanistan, et a récemment amassé la somme de 15 000 $ pour l'achat de livres, de matériel scolaire et d'équipement sportif. Un comité d'Amnistie internationale a également été formé et se réunit une fois la semaine. Stephen Aylward en a été un membre très actif, influencé en cela par son grand-père, juge à la retraite.

« Je me souviens que, quand j'étais petit, je regardais les informations télévisées avec mon grand-père et que j'étais horrifié à la vue des tanks qui entraient dans les villes. Je lui demandais alors, dans ma grande naïveté : Est-ce qu'il y a quelque chose qu'on peut faire pour empêcher la souffrance dans le monde? On est bien idéalistes quand on a treize ou quatorze ans! C'est alors qu'il m'a parlé d'Amnistie internationale. Je me suis d'abord engagé activement dans les activités d'Amnistie à St. John's, puis, par la suite, à Montréal et à Freiburg en Allemagne, où j'ai participé à un échange l'année dernière. En 2007, je me suis rendu à Mexico à titre de jeune délégué d'Amnistie internationale Canada et je dois bientôt me rendre à Ottawa pour une réunion du comité de stratégies internationales. »

La soif de justice sociale a amené Meghan à travailler pour Oxfam et pour une société à but non lucratif, le Mercy Center for Ecology and Justice. Elle y dirige des campagnes de collecte de fonds pour permettre à davantage de jeunes filles du Kenya d'accéder à l'éducation, et travaille en collaboration avec l'Organisation mondiale de la santé à contrer les méfaits de la polio, un souci que partage son oncle, établi en Suisse. Erin, pour sa part, a suivi un cours d'espagnol à Holy Heart et elle est tombée amoureuse de cette langue; elle a visité l'Argentine, l'Équateur et le Nicaragua, a travaillé pour la section jeunesse régionale d'Oxfam Canada et participe activement à une campagne pour que les écoles de la province fassent leur part dans le développement international.

Il y a visiblement des choses que Geoff et Elaine Aylward ont su faire, et bien faire, pour que leurs trois enfants soient ainsi ouverts sur le monde et aient développé une telle conscience sociale et humaine. Quoi donc?

Deux choses, disent leurs enfants. D'abord : ils leur ont manifesté un amour inconditionnel. Ensuite : les Aylward ont toujours proclamé haut et fort que les études postsecondaires constituaient « un tremplin vers tous les possibles », comme Elaine n'a pas cessé de le répéter. Les Aylward avaient mis de l'argent de côté, pour chacun de leurs enfants, dans des Régimes enregistrés d'épargne-études (REEE) et, à la fin de leurs études secondaires, Elaine a consacré beaucoup de temps à la recherche de programmes de bourses.

Meaghan s'en moque même un peu : « Notre mère passait des heures sur le net à s'inscrire à tous les modules de recherche de programmes de bourses. Je me souviens qu'elle surgissait parfois dans ma chambre à brûle-pourpoint en s'écriant : j'ai trouvé une autre bourse, la date limite d'inscription est dans deux semaines, vite, remplis le formulaire! C'est ça aussi l'amour et le soutien inconditionnels dont je vous parlais, parce que Dieu sait que ça peut être lassant de passer son temps sur Internet à faire des recherches souvent inutiles. Et, lorsque je me suis retrouvée avec le formulaire des bourses du millénaire, je me suis dit : bon, encore un autre! C'est du temps perdu tout ça! Et ma mère de répliquer : Non, non, ce n'est pas du temps perdu. Qui ne risque rien n'a rien! Ce soutien de chaque instant n'a pas de prix! Tous les jeunes n'ont pas le bonheur d'être accompagnés de cette façon. »

Elaine avoue que c'était peut-être de l'excès de zèle quand, alors qu'il n'était encore qu'en secondaire 11, elle se disait que Stephen devrait faire une demande de bourses du millénaire! « Je voyais dans la Fondation une occasion rare, non seulement de recevoir un soutien financier, mais aussi d'influencer le parcours de mes enfants et les amener à envisager des études de maîtrise et même de doctorat. » Mais si c'était de l'excès de zèle, cela n'a pas manqué de porté fruits. Aujourd'hui, Stephen termine son bac en philosophie et en sciences politiques, Erin étudie en sciences politiques et en espagnol, et Meaghan en sciences politiques et en psychologie.

52 « Cela a valu la peine de m'enfermer dans ma chambre et de m'échiner à la tâche, s'exclame Stephen. L'année prochaine, je pars étudier à Oxford. J'ai obtenu une bourse Rhodes et je vais étudier le droit au collège St. Hilda. » Et il ne fait aucun doute que ses deux jeunes sœurs marcheront sur ses traces.

> *trois*

UN ESSAI SUR LES ÉLÉPHANTS

. . . .

U NE FOIS l'équipe en place, la Fondation est vite emportée dans un tourbillon qu'Alex Usher résume en « trois années de constante innovation ». À tous points de vue, la vie à la Fondation ressemblait alors à une immersion volontaire dans un mélangeur!

« La première semaine de mai 1999 est la plus insensée que j'aie connue! Aujourd'hui j'en ris, mais à l'époque j'ai cru devenir dingue! Le dimanche soir, on est parti pour Toronto, où on devait signer une entente le lundi. Le mardi, on était en Alberta et le mercredi, j'avais l'immense privilège de pouvoir passer une demi-journée à la maison! Puis je m'envolais pour Terre-Neuve pour une première réunion avec le sous-ministre adjoint. Le jeudi après-midi, cap à nouveau vers l'ouest pour assister à la signature de l'accord avec le Manitoba, le vendredi matin. Là-bas, je reçois un appel de Brady Salloum du gouvernement de la Saskatchewan, qui me dit que le premier ministre veut signer une entente avec la Fondation le vendredi après-midi. Je lui dis : minute, Brady! D'abord, 90 % du contenu de l'entente est encore à négocier et puis, excuse-moi d'être aussi terre à terre, mais il n'y a pas de vol pour Saskatoon qui nous permette d'être chez-vous à temps. Pas de problème, me dit-il, le premier ministre envoie son avion vous prendre à Winnipeg! Je m'en souviens comme si c'était hier : moi, je viens de Winnipeg. J'étais chez mes parents, assis à la table de cuisine, et je parlais au téléphone avec Brady, qui était probablement lui aussi en pyjama dans sa cuisine! Le lendemain, l'avion du premier ministre venait nous prendre, nous nous envolions vers Saskatoon, on signait l'entente et je rentrais à la maison! Je me trouvais pas mal *jet-set!* Disons que ça ne me ressemblait pas beaucoup de dépenser un milliard de dollars et d'obtenir 10 000 points *Aéroplan* en une semaine! Et ai-je besoin de vous dire qu'on n'avait pas même encore de bureaux! À vrai dire, je n'étais même pas un employé de la Fondation. Durant les trois premiers mois, j'étais encore contractuel! »

Ça, c'était en mai. La Colombie-Britannique, la Nouvelle-Écosse et le Yukon signent en juin; les Territoires du Nord-Ouest et l'Île-du-Prince-Édouard en juillet; en août, c'était au tour du Nunavut, du Nouveau-Brunswick et de Terre-Neuve. La dernière entente fut signée avec le Québec, toujours aussi prudent face aux initiatives fédérales.

On le sait, le Québec est particulièrement sensible aux éventuelles intrusions dans le domaine de l'éducation, qui relève de sa juridiction. Et on le comprend aisément : l'éducation est le ferment essentiel de la langue et de la culture françaises. Il faut bien dire toutefois que toutes les provinces entretiennent craintes et suspicions, à des degrés divers, chaque province étant bien sûr différente. Avec pour résultat que les batailles fédérales/provinciales constituent notre deuxième sport national, après le hockey!

Vous connaissez à ce propos l'histoire des quatre personnes auxquelles on demande d'écrire un essai sur les éléphants? Le Britannique parle de « L'importance de l'éléphant dans les processions et pratiques cérémonielles en Inde »; l'Allemand se penche sur « l'usage militaire de l'éléphant »; le Français s'intéresse à « la vie amoureuse de l'éléphant »; et enfin l'ouvrage du Canadien se demande bien entendu si « l'éléphant est de compétence fédérale ou provinciale? ».

Les divers accords que la Fondation a signés avec les provinces reposaient sur deux principes communs : d'abord, les sommes d'argent consenties à chacune d'elles étaient établies au prorata de leur population respective; puis, cet argent devait aller directement aux étudiants, mais selon des critères déterminés à partir des besoins et des vœux exprimés par les provinces. C'est ainsi qu'on a vu naître un exemple de ce qu'on appelle le « fédéralisme asymétrique », où chaque province est traitée différemment, mais à l'intérieur d'un programme équitable pour tous. Même si le Québec a été la dernière province à conclure une entente avec la Fondation, les exigences qu'elle ne manquerait pas de formuler avaient été prises en compte dans les négociations avec les autres partenaires de la fédération. L'Assemblée nationale du Québec avait ainsi adopté dès 1998 une résolution unanime établissant les règles incontournables auxquelles un éventuel accord avec la Fondation aurait à se conformer. Cette résolution présentée par le député libéral de Verdun, Henri-François Gautrin, comportait trois exigences : d'abord, que l'argent accordé au Québec soit proportionnel à sa population par rapport au reste du Canada; ensuite, que le Québec puisse sélectionner lui-même les éventuels récipiendaires des bourses; et enfin, que celles-ci soient versées aux étudiants en évitant tout dédoublement administratif, tout en garantissant la « visibilité » du gouvernement du Canada. La résolution précisait

55

également que le Québec verserait aux universités et cégeps les économies ainsi réalisées dans son propre programme de prêts et bourses.

Norman Riddell rappelle qu'il a d'abord eu à « établir un plan de négociations. Et je devais faire en sorte que l'on s'entende avec des provinces qui n'étaient pas très accueillantes... et il n'y avait pas que le Québec dans ce cas. Nous sommes très rapidement parvenus à la conclusion que le Québec serait la dernière province avec laquelle nous pourrions conclure un accord. Nous avons sérieusement étudié la résolution Gautrin et avons cherché à concevoir notre programme en tenant compte de son contenu. Nous avons testé nos conclusions dans la négociation avec l'Alberta, où nous avons négocié un accord qui pouvait satisfaire toutes les conditions de la résolution Gautrin. »

« Nous avons dit au gouvernement albertain : Nous administrons un programme de réduction de dette que nous pouvons adapter aux différentes réalités de votre province. Nous voulons venir en aide aux étudiants de l'Alberta, province qui rassemble 10 % de la population canadienne. Vous aurez donc droit à 10 % des fonds, ce qui représente une somme de 300 millions de dollars sur une période de 10 ans. »

La Fondation a signé des ententes basées sur cette idée de proportionnalité et de collaboration avec chacune des provinces, et Norman Riddell s'en réjouis aujourd'hui. « Partant du principe que nos interventions étaient différentes dans chaque province, nous nous sommes dit qu'en comparant les résultats obtenus, on aurait une meilleure idée de ce qui fonctionne et de ce qui fonctionne moins bien. Le programme de bourses de la Fondation devenait ainsi une expérience scientifique en milieu naturel. La Nouvelle-Écosse avait par exemple décidé d'accorder nos bourses aux étudiants en première année d'université. Le

Nouveau-Brunswick, lui, versait l'argent sur une période de trois ans. Cela nous a permis de comparer les résultats de ces diverses approches. La Fondation croit que la diversité n'est pas un problème, mais au contraire une force. Nous portons un regard très différent sur notre fédération. On collabore. On travaille à partir de ce qui existe et on a démontré qu'il est possible d'exercer un leadership, tout en respectant l'autonomie de chacune des provinces. »

Au départ cependant, il faut dire que le Québec, alors dirigé par le Parti Québécois, refusait même tout dialogue avec la Fondation. Le Québec pouvait imaginer négocier avec d'autres gouvernements, mais certainement pas avec une excroissance aussi curieuse que la fondation! La position de la province était simple : donnez-nous l'argent et nous le remettrons nous-mêmes aux étudiants. Même s'il l'avait souhaité, le fédéral n'aurait cependant pu acquiescer à la position du Québec puisque la Fondation était un organisme indépendant et que les 2,5 milliards de dollars lui avaient déjà été versés.

Riddell organisa alors une rencontre avec l'éditeur du journal *La Presse*, au cours de laquelle il lui suggéra de lire le texte de l'entente avec l'Alberta, à la lumière de la résolution Gautrin. Après tout, si la Fondation était prête à répondre favorablement aux conditions de la résolution Gautrin, pourquoi le Québec ne signerait-il pas d'entente? L'éditeur de *La Presse* était d'accord.

Mais le Québec refusait toujours d'engager un dialogue direct avec la Fondation. C'est alors que le gouvernement fédéral a offert d'intercéder en déléguant deux représentants, dont Robert Bourgeois. Les discussions allaient bon train, à l'exception d'une seule question : celle de « l'effet de déplacement ». En ne spécifiant pas si l'argent des bourses du millénaire s'ajouterait ou non à l'aide financière déjà consentie par le gouvernement du

Québec, le projet d'accord revenait à autoriser le gouvernement du Québec à réduire sa contribution au programme de prêts et bourses existant du même montant que la Fondation investirait dans la province. « Les étudiants québécois n'auraient pas fait un sou dans cette histoire, dit Riddell. Le conseil d'administration s'est alors demandé, et avec raison, pourquoi verser autant d'argent si, au bout du compte, la population étudiante n'en tirait aucun bénéfice? »

Jusqu'alors, le mouvement étudiant au Québec soutenait la position du gouvernement provincial face à la redoutable fondation fédérale. Le moment était donc venu pour Riddell et ses collègues de rencontrer le leader étudiant Daniel Baril et de mettre cartes sur table. « Nous lui avons démontré que si l'entente était signée telle quelle, les étudiants n'en tireraient aucun bénéfice, et il nous semblait que la fédération étudiante avait tout intérêt à prendre la défense de ses membres et à accepter les 70 millions *supplémentaires* de la Fondation. »

Daniel Baril a étudié sérieusement la question et finalement permis la conclusion d'une entente. Se pliant à la proposition de Baril, le gouvernement québécois a accepté d'abaisser de 25 % la dette maximum de tous les récipiendaires de prêts et bourses pendant une période de dix ans. Puis, le gouvernement a accordé 35 millions de dollars aux collèges et universités pour améliorer la qualité des services aux étudiants et réduire les frais afférents (coûts d'utilisation des laboratoires et des bibliothèques, activités parascolaires et autres montants payés par les étudiants).

Toutefois, on avait beau s'entendre sur les termes d'un accord, on se retrouvait toujours au cœur d'une pièce absurde et d'un dialogue de sourds dignes de *La cantatrice chauve* d'Ionesco! Québec refusait d'engager un dialogue direct avec la Fondation. C'est alors que Robert Bourgeois a fait preuve d'une admirable

adresse diplomatique. Il a rencontré de part et d'autre (littéralement assis dans des pièces différentes à deux pas les uns des
autres) chacun des interprètes de cette vaste œuvre chorale pour
enfin parvenir à harmoniser les voix.

« Savez-vous sur quoi les négociations achoppaient?, se souvient-il. Sur les chèques! La Fondation voulait que les chèques
portent le drapeau du Canada et le Québec s'y opposait formelle-
ment en souhaitant que les chèques arborent le fleurdelisé et les
insignes du gouvernement du Québec. » Cet interminable débat
a engendré une correspondance épique entre le ministre québécois François Legault et les ministres fédéraux Pierre Pettigrew
et Jane Stewart. Au bout du compte, les logos du Québec et de la
Fondation sont apparus sur les chèques imprimés au Québec. Et
si les duellistes n'ont jamais respiré le même air, leur proximité
fut de plus en plus grande, les représentants du Québec logeant
dans une chambre d'hôtel, ceux de la Fondation dans une autre,
et Bourgeois jouant les messagers en passant de l'une à l'autre!

Ainsi sommes-nous parvenus à un accord le 22 décembre
1999, juste à temps pour que les premiers chèques soient émis
le premier jour ouvrable du nouveau millénaire, soit le 4 janvier
2000. L'arrangement avec le Québec a toutefois traversé une
autre période de turbulence en 2005, lorsque le gouvernement
libéral, qui entre-temps avait pris le pouvoir, a décidé de relever
le niveau de la dette maximum des étudiants du Québec, ce qui
allait à l'encontre de l'entente signée six ans plus tôt. Le directeur
des communications de la Fondation, Jean Lapierre, lit la nouvelle dans les journaux, appelle Norman Riddell, discute avec
un membre du cabinet du ministre concerné des conséquences
d'une telle décision et propose une stratégie à Riddell, qui écrit
personnellement au ministre de l'Éducation. Ce dernier se
montre pour le moins circonspect, le Québec ne reconnaissant

59

toujours pas officiellement l'existence de la Fondation canadienne des bourses d'études du millénaire. La lettre de Riddell
notait que cette décision allait priver de nombreux étudiants
de bénéfices indéniables, en rendant caduque l'entente signée
précédemment, et forcerait la Fondation à cesser de verser ses
bourses aux étudiants québécois.

Nouvelle période d'indécision et d'attente d'une durée de
treize mois, durant laquelle Ottawa ronge son frein et Québec
se fait du mauvais sang. Et ce sont une fois de plus les étudiants
qui dénoueront l'impasse : 100 000 d'entre eux descendent
dans la rue. Peu de temps après, le premier ministre remanie
son cabinet et, derrière des portes closes, s'entament des discussions entre la Fondation, le nouveau ministre de l'Éducation et
son sous-ministre. Le seuil des prêts est finalement ramené à ce
qu'il était deux ans plus tôt, et la Fondation accorde dix millions
additionnels par année. Les digues sont brisées et l'argent de la
Fondation se remet donc à couler.

L'entente signée en 1999 avec le Québec—dans un champ
de compétence « partagé »—avait été étudiée soigneusement
par l'ancien directeur du journal *Le Devoir* et ancien chef du
parti libéral du Québec, Claude Ryan, connu pour ses positions
franches et éclairées. Ryan finit par concéder que le gouvernement fédéral pouvait légitimement se mêler d'aide financière
aux étudiants et concluait que l'approche de la Fondation fournit
« un exemple dont nous aurions profit à nous inspirer pour chercher des solutions à bien d'autres dossiers qui nous divisent entre
Canadiens alors qu'ils devraient plutôt nous unir dans un même
souci de mieux servir la population de ce pays ».

JANET ECKER était ministre de l'Éducation de l'Ontario
lorsqu'est née la Fondation, dont elle est devenue plus tard

membre du conseil d'administration. Elle se souvient de l'approche souvent « contrôlante » du gouvernement fédéral et de la façon dont la Fondation a apporté une façon nouvelle de négocier avec les provinces, en ayant comme résultat un accroissement sensible de l'aide financière apportée aux étudiants partout au pays.

« Dans les relations fédérales/provinciales, Ottawa croyait avoir une bonne idée et nous l'imposait très souvent, aussi subtilement qu'un éléphant qui entre dans un magasin de porcelaine! Et Janet Ecker de préciser : le respect des programmes provinciaux n'a pas toujours été le fort d'Ottawa! Et à cet égard, Jean Chrétien manquait parfois d'élégance... et c'est là un euphémisme! Donc, même si tous croyaient que l'idée de créer la Fondation était au départ formidable, en passant du concept à la réalité, on a non seulement créé des conflits avec les provinces, mais également causé des tracas à certains boursiers. L'irritation n'est pas uniquement venue de l'intrusion du gouvernement fédéral dans nos champs de compétence, mais aussi par certaines façons de faire qui laissaient à désirer. La Fondation s'est heureusement rattrapée par la suite et est devenue un exemple au plan des relations fédérales/provinciales. »

La Fondation a entre autres impressionné tout le monde en se pliant à la deuxième condition de la résolution Gautrin, qui consistait à permettre au Québec de choisir les récipiendaires des bourses et d'émettre les chèques. Au départ, rappelle Alex Usher, le gouvernement fédéral croyait que la Fondation choisirait elle-même ses boursiers et créerait par conséquent une énorme structure administrative de plusieurs centaines d'employés, « parallèle au Programme canadien de prêts aux étudiants. Quand je pense qu'il y avait des Libéraux qui croyaient que c'était là une bonne idée! »

61

Ottawa avait prévu que les frais d'administration de la Fondation représenteraient environ 15 % de son budget. Puisque celle-ci devait distribuer environ 100 000 bourses d'une valeur moyenne de 3 000 $, pour un total de 300 millions chaque année, on pouvait donc penser qu'elle consacrerait 45 millions de dollars à l'administration de son programme. En acceptant que le programme de la Fondation soit différent d'une province à l'autre, on a éliminé par le fait même ce besoin d'une grande administration centrale et on a pu s'en remettre aux bureaux d'aide étudiante des provinces pour ainsi réduire les frais d'administration à 4 %.

Alex Usher, fidèle à ses bonnes vieilles habitudes et à son humour grinçant, ne prend pas de pincettes pour rappeler qu'en plus, Norman Riddell était prêt à économiser sur la moindre gomme à effacer, qu'il n'a pas hésité à faire appel à des bénévoles, à réduire l'équipe au minimum et à faire de la saine gestion une véritable obsession. Ce à quoi Riddell réplique, avec son humour anglais tout aussi dévastateur : « Usher fut probablement l'employé le plus impoli que j'aie eu au cours de ma carrière. Il ne ratait aucune occasion de me traiter de tous les noms! » Un autre employé de la Fondation, qui préfère garder l'anonymat face au combat amical que se livrent ces deux histrions au verbe haut, souligne pour sa part que « ce cher Alex aurait été congédié pour bien moins que ça par un autre patron, mais Norman répétait qu'il faisait bien son boulot et qu'il avait besoin de gens compétents comme lui. On sentait bien au fond qu'ils avaient un immense respect l'un pour l'autre et qu'ils prenaient plaisir à cette joute de ping-pong verbal! »

Dans le rapport annuel de l'année 1999 de la Fondation, Jean Monty fait un bilan des résultats de la première année d'opération et aborde entre autres la question de la collaboration avec les provinces et des sommes ainsi économisées. D'abord, note-t-il, la Fondation « a mis sur pied un programme de bourses générales et versera en début de prochaine année 275 millions de dollars d'aide financière à plus de 90 000 jeunes Canadiens fréquentant des universités, des collèges communautaires ou des collèges privés. Deuxièmement, elle a convaincu les 13 provinces et territoires du bien-fondé d'un partenariat et d'une gestion conjointe de ce programme. En conséquence, les coûts d'administration de la Fondation n'atteignent pas le quart des sommes anticipées. Ces économies permettront à la Fondation de verser au cours des 10 prochaines années 300 millions de dollars supplémentaires aux étudiants dont les besoins financiers sont urgents. »

En fait, l'argent épargné a servi entre autres choses à financer un programme de recherche dont les conclusions furent très précieuses pour identifier les raisons réelles pour lesquelles l'accès aux études supérieures est parfois si difficile. Il a aussi permis la création d'un autre programme de bourses, destiné aux étudiants qui éprouvent de très sérieux problèmes financiers, et d'enrichir les services offerts à ses boursiers d'excellence.

Robert Bourgeois est toutefois aujourd'hui déçu de constater que ce qui avait été si difficile à négocier avec le Québec, que les bourses de la Fondation viennent s'ajouter à l'aide financière existante des provinces, n'ait pas été appliqué dans le reste du pays. « La loi créant la Fondation n'avait malheureusement pas été écrite en ce sens et, s'il y a eu un défaut dans toute l'expérience, c'est bien celui-là.

L'Auguste Personnage pointe du doigt un aspect moins évident. Même dans les provinces où les bourses du millénaire n'ont pas purement et simplement remplacé l'aide financière existante, le programme a fait en sorte que les provinces n'ont pas ressenti la nécessité d'accroître leur aide financière aux étudiants.

C'est ainsi qu'au fil des ans, les bourses de la Fondation ont pour ainsi dire contribué à une réduction de l'aide des provinces, qui, dans certains cas, se sont progressivement désengagées de leurs responsabilités. C'est là sans doute un des effets pervers et regrettables de l'action de la Fondation.

Les ententes de la Fondation avec les provinces reflétaient par contre les principes fondateurs de l'Entente-cadre sur l'union sociale (ECUS), signée en 1999 entre le gouvernement du Canada et les gouvernements provinciaux et territoriaux. Comme on peut le lire sur le net sous le titre « Un cadre visant à améliorer l'union sociale pour les Canadiens », « chaque gouvernement provincial et territorial déterminera le type et la combinaison de programmes qui conviennent le mieux à ses besoins et à sa situation, afin d'atteindre les objectifs convenus. Un gouvernement provincial ou territorial qui, en raison de sa programmation existante, n'aurait pas besoin d'utiliser l'ensemble du transfert pour atteindre les objectifs convenus, pourrait réinvestir les fonds non requis dans le même domaine prioritaire ou dans un domaine prioritaire connexe. »

Comme le souligne Alex Usher, le fédéral aurait souhaité que l'argent versé par la Fondation soit *additionnel* alors que les lettres envoyées aux récipiendaires de bourses disaient simplement « voici 3 000 $, mais ne mentionnaient pas clairement que cela pourrait les empêcher de recevoir 3 000 $ de quelqu'un d'autre. De plus—et on le savait à la Fondation alors qu'Ottawa semble l'avoir appris dans les journaux -, il y a même des étudiants qui s'en sont trouvé plus mal, car la bourse du millénaire avait pour effet de les disqualifier du programme provincial de remise de dette auquel ils étaient auparavant admissibles. »

Usher poursuit son explication : « Les provinces avaient l'habitude de ne pas émettre de T4 pour la dette étudiante qui était remise en fin d'année alors qu'il s'agit d'un revenu imposable, mais la Fondation le faisait. Au lieu d'avoir bénéficié d'une remise de dette de 3 000 $ exempte d'impôts, ils se retrouvaient avec une bourse de 3 000 $ imposable. Quand les étudiants ont compris qu'ils s'étaient fait rouler dans la farine, on a eu droit à des conférences de presse musclées dénonçant violemment notre programme de bourses. On était vraiment très loin du mouvement de gratitude que le gouvernement avait souhaité! C'est suite à ce mouvement de contestation qu'en 2000 le gouvernement fédéral a créé une exemption de 3 000 $ pour les bourses, mais le mal était fait : la Fondation avait entre-temps récolté beaucoup de publicité négative. »

C'EST EN avril 1999 que Jean Lapierre se voit confier la responsabilité d'élaborer le plan de communications de la toute jeune Fondation, qui réunissait alors une équipe réduite, composée de Norman Riddell bien sûr, de Paul Bourque, directeur des finances et opérations, d'une secrétaire et d'une réceptionniste, Maria Modafferi. Conscient des tensions engendrées par la création de la Fondation, surtout au Québec, Lapierre comprend qu'il ne saurait être question de pratiquer des communications traditionnelles.

« Les communications peuvent être un instrument à double tranchant. Aussi, j'ai d'abord suggéré que la Fondation demeure dans l'ombre, veille à réaliser ses projets, attende d'avoir des résultats tangibles et, seulement à ce moment-là, revienne sur la place publique. » Les journalistes, Jean Lapierre le savait mieux que personne, ne font pas leurs choux gras d'histoires de prêts et bourses! Au départ, mieux valait donc concentrer les énergies sur les relations gouvernementales, les publications et les relations entre la Fondation, les étudiants et leur famille.

Notre nouveau directeur des communications met sur pied son département en suivant les mêmes principes que ceux qui avaient prévalu à la création de la Fondation : une toute petite équipe pour répondre au courrier et pour publier, traduire, diffuser et promouvoir les publications de la Fondation, un travail qui allait bientôt prendre des proportions colossales. L'équipe resterait toutefois réduite, et des consultants viendraient à la rescousse un peu partout à travers le pays : « Au lieu d'embaucher du personnel, précise-t-il, je faisais appel à des ressources extérieures. J'ai toujours eu deux préoccupations : d'abord de ne pas dicter les façons de faire de Montréal, ne pas tout uniformiser et rappeler à tout le monde que ce qui est efficace dans l'Est du pays ne l'est pas forcément à l'Ouest. À mes yeux, il fallait avoir recours aux ressources locales et régionales pour être mieux à l'écoute des besoins et aspirations de chacune des régions. C'est comme ça qu'on a développé des partenariats à Halifax, Montréal, Toronto, dans les Prairies, en Alberta et en Colombie-Britannique. Et un de nos collaborateurs s'occupait spécifiquement du dossier des Premières Nations. »

« Ma seconde préoccupation se résumerait à ceci : ne surtout pas créer une grosse équipe qui serait là à attendre les ordres venus d'en haut! Le salaire commandé par un contractuel peut sembler plus élevé à première vue, mais au en bout du compte, je suis convaincu que l'on économise. Je ne vous donnerai qu'un exemple : les cérémonies des lieutenants-gouverneurs, que j'organisais chaque printemps pour nos boursiers d'excellence. Nous avons pour ce faire établi des partenariats avec les différents bureaux des lieutenants-gouverneurs et avons collaboré avec eux à la tenue des réceptions auxquelles ont été conviés les boursiers et leurs familles. Imaginez si notre équipe de Montréal était allée d'une ville à l'autre pour rencontrer les gens, mettre les événements sur pied, louer les chambres d'hôtel, engager les traiteurs, assister à toutes ces réunions et réceptions, ça aurait coûté une fortune! Nous avions donc des partenaires dans les principales villes du pays. Ils avaient les contacts et étaient en mesure de faire le travail pour beaucoup moins cher. Juste en billets d'avion, on aurait déboursé davantage que les honoraires qu'ils demandaient. »

La quasi-impossibilité de parler des étudiants qui recevaient une aide financière de la Fondation a représenté l'un des problèmes majeurs rencontrés de l'équipe des communications. « 95 % de nos bourses étaient attribuées sur la base du besoin financier, et les lois sur la vie privée nous interdisaient d'identifier nos bénéficiaires. J'ai toujours pensé que le mandat de la Fondation ne serait jamais renouvelé si on ne pouvait pas se présenter comme un organisme d'aide aux étudiants dans le besoin. »

Norman Riddell partage ce point de vue. « Comment parler de nos boursiers? Ce sont forcément des gens financièrement défavorisés. Si je donne leur identité et que je parle d'eux publiquement, je révèle le fait qu'ils sont plus ou moins démunis. Délicat, non? Cela reviendrait à tenir une conférence de presse pour dévoiler les noms des bénéficiaires de l'aide sociale. Nous n'avions pas le droit de faire ça. Si l'étudiant souhaitait de lui-même partager sa joie d'être boursier, très bien, mais ce n'était pas à nous de le faire. »

Jean Lapierre souligne avec justesse que nul n'est louangé pour avoir accordé une aide financière aux étudiants, ni les provinces, ni le gouvernement fédéral, ni les universités et encore moins les fondations. Favoriser l'accès aux études supérieures est une chose parfaitement normale dans toute société civilisée, et à laquelle tout citoyen est en droit de s'attendre. La décision de distribuer l'argent de la Fondation par l'entremise des bureaux provinciaux d'aide aux étudiants—et de même utiliser les formulaires provinciaux—signifiait que de nombreux étudiants ne sauraient probablement jamais que l'argent venait de la Fondation. « Eh bien oui, c'est comme ça, soupire-t-il! Et ce n'est pas une tragédie! Après tout, on est tous pareils : on encaisse nos chèques sans rien demander de plus! »

Pour des raisons qui lui ont d'abord semblées obscures, Norman Riddell confie à Jean Lapierre la responsabilité de diriger certains programmes liés à l'accès. En 2004, des consultations nationales ont révélé une confusion tant chez les étudiants que chez leurs parents quant aux diverses sources d'aide financière disponibles, ainsi que sur les coûts de l'éducation supérieure. Les élèves du secondaire étaient souvent mal informés sur les études postsecondaires et ne savaient pas quelles avenues s'offraient à eux. Ils comptaient sur leurs parents pour leur venir en aide, mais le problème, c'est que ceux-ci en savaient encore moins que leurs enfants sur le sujet! Ce cocktail d'ignorance et de manque d'information faisait en sorte que les étudiants n'étaient pas en mesure de faire des choix éclairés quant à leur avenir.

Un jour, Norman Riddell se trouve à Vancouver à discuter de la question avec Tom Vincent, alors sous-ministre adjoint à l'éducation supérieure. Vincent se dit conscient du problème et dispose de fonds pour encourager le passage aux études supérieures. Riddell rentre à Montréal et demande à Jean Lapierre d'élaborer un projet dans les deux ou trois semaines qui suivent. Lapierre se tourne vers l'un de ses partenaires extérieurs, développe le projet et le fait approuver par le conseil d'administration. Le délai fixé par Riddell ne fut peut-être pas respecté, mais en moins de six semaines, tout était dans la poche! Tom Vincent approuvait le programme *Perspectives,* qui est encore en vigueur aujourd'hui dans toutes les écoles secondaires de Colombie-Britannique et qui s'apprête à l'être dans d'autres provinces.

Jean Lapierre a également dirigé un autre programme d'information destiné cette fois spécifiquement aux représentants des Premières Nations en Saskatchewan. Au début, deux membres influents des communautés autochtones, Phil Fontaine, alors chef national de l'Assemblée des Premières Nations, et le philanthrope et promoteur culturel John Kim Bell, siégeaient au conseil d'administration de la Fondation. Tous deux défendaient âprement l'idée qu'une partie des bourses du millénaire devait être consacrée spécifiquement aux étudiants autochtones. Mais le conseil a plutôt favorisé l'instauration de programmes d'information qui leur soient destinés.

Tout au long de son mandat, Jean Lapierre n'a cessé de défendre la cause des Autochtones et de travailler pour faire en sorte que plus d'étudiants des Premières Nations posent leur candidature aux bourses de la Fondation. Sa dernière initiative a consisté à recruter des professeurs et des conseillers pédagogiques de la Saskatchewan pour informer les étudiants sur les divers programmes de bourses de la Fondation ainsi que sur les autres possibilités qui s'offraient à eux pour faciliter leur accès aux études postsecondaires. Idéalement, Lapierre aurait souhaité promouvoir un programme semblable dans toutes les provinces du pays, mais il se réjouit tout de même d'avoir convaincu le fédéral et certains gouvernements des provinces d'adopter une initiative *Perspectives* nationale en mesure de rejoindre davantage d'élèves issus des communautés autochtones.

« Nous voulions, souligne-t-il, leur fournir des modèles de réussite, accroître les liens, entre étudiants autochtones et non autochtones et aussi entre les jeunes et les aînés; et faire en sorte que les membres des Premières Nations prennent conscience qu'ils ont le droit et la possibilité, comme tout un chacun, de poursuivre des études postsecondaires. Mais notre but était aussi de mieux les informer sur ce qui les attend dans les institutions d'enseignement qu'ils fréquenteront. Beaucoup entretiennent—et non sans raisons—certaines appréhensions à l'idée d'être éloignés de leur famille, de leur milieu, de leurs valeurs, le temps de leurs études. Il me semblait que c'était notre devoir de leur permettre de mieux apprivoiser ce monde dont ils se sentent souvent exclus. »

« J'aurais aimé que la Fondation fasse davantage pour les Autochtones. Nos bourses, je le répète, étaient destinées en priorité aux étudiants dans le besoin. Est-il nécessaire de multiplier les études et d'analyser la situation de toutes les façons pour conclure que les besoins les plus criants se trouvent d'abord dans les communautés autochtones? Et que, malheureusement encore, trop peu d'étudiants de ces communautés reçoivent l'appui dont ils ont besoin? Je me bats depuis dix ans pour développer des projets à leur intention. Mais je rencontre bien des obstacles. Et l'argent ne constitue pas l'obstacle le plus difficile à franchir. Vous savez comme moi que le jeune Autochtone qui dit vouloir poursuivre ses études a probablement une tante ou un oncle qui a fréquenté un pensionnat indien. Quel message leur communique-t-on, croyez-vous? »

« Notre société a un devoir à l'égard des membres des communautés autochtones, ajoute-t-il. On doit cesser de se fermer les yeux et regarder en face les conditions de vie difficiles qui sont encore aujourd'hui celles des Autochtones. Ça fait 200 ans que nous les opprimons et tentons de les assimiler. On voit le résultat! Tous les problèmes d'alcoolisme, de décrochage, de violence, c'est en partie nous qui les avons créés. Tous ces sans-abri d'origine autochtone qu'on croise dans nos rues, nous avons le devoir de nous en occuper. Nous sommes en partie responsables de leur déroute. »

« Maintenant que la Fondation est chose du passé, je souhaiterais continuer à œuvrer dans cette voie, à faire en sorte que les familles autochtones se sentent davantage chez elles dans les établissements scolaires, de l'école primaire jusqu'à l'université. J'ai visité des communautés autochtones et vu à quel point le système est pourri et cette population ne se sent pas chez elle dans nos institutions d'enseignement. Mon travail à la Fondation m'a permis d'aider certains étudiants à obtenir un peu d'argent pour poursuivre leurs études, mais je suis parfaitement conscient que les écoles ne sont pas toujours en mesure de répondre adéquatement aux besoins et attentes de cette population. Les écoles sont faites pour des étudiants blancs de classe moyenne, beaucoup plus individualistes par exemple. Aussi, au fil des ans, j'ai pris conscience que c'est parfois une erreur de les pousser dans un système scolaire qui n'est pas adapté à leur réalité et à leur vision du monde. Cela ne fait qu'accroître leurs frustrations. Si on les intègre mal dans le réseau scolaire et qu'ils décrochent après trois mois, ils risquent même de développer une aversion à l'égard de l'école. »

« Je suis convaincu qu'il n'y a pas d'autre solution que de créer un système de réel accompagnement, de soutenir les étudiants durant une certaine période, d'être présent à leurs côtés pour qu'ils se sentent bien dans leur nouveau milieu et qu'ils puissent s'y épanouir vraiment. Si je pouvais contribuer, bien humblement, à changer la donne et à modifier le destin de quelques-uns d'entre eux, je serais le plus heureux des hommes. C'est toute notre société qui en serait modifiée. Parce que, il ne faut pas se le cacher, nous ne pourrons jamais nous vanter d'être une société plurielle, tolérante et ouverte si nous continuons d'envoyer sous le tapis le problème autochtone. »

Comme on peut le constater à travers les propos de Jean Lapierre, son rôle n'est pas celui que l'on associe traditionnellement à un directeur des communications d'une grande entreprise! Une défense aussi passionnée de certains de ses

dossiers n'apparaît certainement pas dans sa définition de tâche!
Mais c'est qu'en irréductible Gaulois qu'il est, il a façonné sa
fonction avec la glaise dont il est fait. Homme de culture, mélomane et discophile redoutable, polyglotte qui parle aussi bien
l'italien que le français et l'anglais, et qui a entrepris récemment
l'étude de l'allemand, Lapierre n'a rien du fonctionnaire grisâtre
qui accumule la poussière dans son bureau.

« Projets pilotes, projets de recherche, projets de communication, je dois vous dire que je me soucie guère des étiquettes.
Monsieur Riddell et moi on s'entend bien à ce propos : ce qui
nous importe, ce sont les gens et les résultats tangibles. Riddell
est un pianiste, moi je suis un amateur de musique. On se comprend. « Mais cette approche, cette sensibilité, cette écoute au
vivant et à la créativité ne sont sans doute possibles que dans une
petite entreprise, et dirigée par un homme tel Monsieur Riddell.
Je crois que Norman Riddell a su défendre et transmettre le
mandat de la Fondation comme un grand pianiste nous transmet
sa vision d'une sonate ou d'un concerto. »

LE PROGRAMME des bourses générales du millénaire, qui constitue 95 % des déboursés de la Fondation, ressemble à un mini
Cirque du Soleil : une pieuvre, dont les multiples tentacules s'agi-
tent en même temps et qui est contrôlée par des têtes dirigeantes
parfois dépassées par l'ampleur des mouvements de la bête!
Chaque année quelque 120 000 étudiants *a mari usque ad mare*
recevaient une bourse. Ce nombre correspond à la population
de Kingston, de Trois-Rivières ou de Kelowna en Colombie-
Britannique. Le montant annuel des bourses s'élevait à environ
335 millions, ce qui équivaut à peu près à 20 % du budget de
l'Île-du-Prince-Édouard! Au cours de ses 10 ans d'existence, la
Fondation aura dépensé près de 3,3 milliards. Les 800 millions

supplémentaires proviennent d'un judicieux programme d'investissement supervisé par Paul Bourque, soutenu par trois gestionnaires d'actifs privés et par Margot Ritchie, membre du conseil et partenaire de la société de conseillers en placements Jarislowsky Fraser. Fait à remarquer : la Fondation n'a pas subi de pertes notables au cours de la débâcle des marchés en 2008.

Et, comme nous l'indiquions plus tôt, puisque la Fondation a toujours misé sur une collaboration de chaque instant avec les provinces et qu'elle a eu recours aux services de consultants extérieurs, l'équipe chargée du programme de bourses générales se résumait à trois personnes! La direction en était assurée par Randolf Harrold. Lui et son assistante administrative étaient soutenus dans leur tâche par les gens du service de Finance et Opérations, également responsables de tous les autres dossiers administratifs de la Fondation.

Expert en commerce international, économiste et consultant en développement des affaires, Randolf Harrold avait travaillé dans le passé avec Norman Riddell au service diplomatique canadien et aussi au gouvernement de la Saskatchewan, où tous les deux ont été sous-ministres et ont participé à l'accord du lac Meech et à l'Accord de libre-échange nord-américain (ALÉNA). Randolf Harrold a ensuite travaillé auprès du gouvernement fédéral et de la province de la Nouvelle-Écosse au développement de politiques économiques. Après une retraite anticipée, il a joint l'équipe de l'Université Dalhousie, où il a veillé à la commercialisation des nouvelles technologies à titre de chef de la direction de Nova Universities Technology Inc., une initiative de l'Université Dalhousie et du Collège d'agriculture de la Nouvelle-Écosse.

En 2002, il reçoit un appel de son ancien collègue, maintenant directeur exécutif et chef de la direction de la Fondation

73

des bourses du millénaire. Riddell avait besoin d'une personne d'expérience dans le champ des relations fédérales/provinciales pour diriger le programme de bourses générales et maintenir les meilleures relations possibles avec les provinces.

Randolf Harrold se souvient qu'il était « au départ littéralement submergé par le nombre de demandes et par tous les détails bureaucratiques à régler : établissement de bases de données, programmes, etc. Juste en Ontario, nous recevions en novembre de chaque année quelque chose comme 35 000 demandes, et mon travail consistait à m'assurer que chaque candidat répondait aux critères de la Fondation, à préparer les résolutions présentées au conseil d'administration et à veiller à leur approbation. »

La collaboration avec les provinces a été précieuse et a permis d'accélérer le processus. « Les provinces nous envoyaient chaque année leur liste d'étudiants admissibles, en fonction de leurs besoins financiers respectifs, définis selon les critères des divers programmes provinciaux d'assistance financière aux étudiants. Tout ça était déjà informatisé; nous n'avions qu'à intégrer ces informations dans nos programmes pour approbation éventuelle par le conseil d'administration. Plus qu'un coup de main, c'était là une véritable bénédiction! » Ne restait plus qu'à vérifier chacune des listes provinciales afin de s'assurer qu'aucun étudiant ne fasse simultanément une demande dans deux provinces, ce qui contrevenait aux règlements de la Fondation. Parce que chaque année, bien sûr, il se trouvait des petits coquins pour tenter de passer à travers les mailles du filet sans se faire remarquer! »

« Ce mode de fonctionnement, précise encore Randolf Harrold, a permis à la Fondation de s'adapter aux programmes et aux besoins de chacune des provinces. » Certaines provinces ont ainsi décidé de modifier leurs critères d'attribution de bourses alors que d'autres ont exprimé le désir de collaborer plus étroitement avec la Fondation en injectant des fonds supplémentaires ou en élaborant des programmes conjoints.

La résolution des problèmes rencontrés par les récipiendaires de bourses incombait aussi à Randolf Harrold. Ce dernier recevait chaque semaine quelque 130 courriels et devait très souvent entrer lui-même en contact téléphonique avec les étudiants afin de répondre à leurs questions. Vous imaginez le temps que cela peut prendre! Mais ce contact personnel avec les boursiers avait aussi ses bons côtés... même si certains d'entre eux ne faisaient pas toujours montre d'une immense gratitude! « La loi nous intimait d'informer les étudiants d'où venait l'argent qui leur était versé. Chaque boursier recevait par conséquent son chèque accompagné d'une lettre qui, je ne me fais pas d'illusions, devait dans bien des cas se retrouver illico dans le bac de récupération! Je crois qu'ils n'étaient pas très nombreux les étudiants qui avaient conscience de leur chance et du cadeau qui leur tombait du ciel. Mais, ne généralisons pas, nous avons reçu au cours de ces dix années de très nombreux témoignages écrits, parfois bouleversants, parfois d'un humour réjouissant : »

Ma situation financière était à ce point catastrophique que j'ai cru un moment devoir abandonner mes études de droit. On ne peut pas avoir trois jobs à temps partiel et étudier à plein temps sans que cela finisse par affecter votre santé! Je ne m'étais pas offert un seul weekend en trois ans. C'était devenu insoutenable. Alors vraiment, merci du fond du cœur.

Merci de m'avoir soutenu dans ma quatrième année d'études. Grâce à vous j'ai pu réaliser deux films avec des amis, me mettre au lancer du disque, enfin laver mon éléphant (le pauvre, il en avait bien besoin et jusque-là je n'avais pas eu le temps, étant trop pris par mes études!). Et puis, ah oui, j'oubliais, j'ai complété avec succès ma quatrième année de médecine.

La vie de mère célibataire n'est pas toujours facile, et je payais cher ma décision de retourner sur les bancs d'école pour devenir assistante juridique, comme je le souhaitais depuis longtemps. Je n'arrivais pas à joindre les deux bouts. Mon prêt étudiant me permettait juste de payer les dépenses courantes pour moi et ma fille. Sans l'aide de la bourse du millénaire, je crois que je ne serais pas parvenue à réaliser mon rêve. Merci pour votre aide précieuse.

Quand on est handicapé, retourner à l'école représente un défi de taille, mais c'est aussi tellement valorisant. En prenant cette décision, non seulement je me donnais les moyens et les compétences nécessaires pour jouer un rôle utile dans la société, mais je me permettais d'acquérir enfin une stabilité financière. Je ne saurais vous dire à quel point cet accomplissement a du sens pour moi... et je ne saurais suffisamment remercier tous ceux et celles qui m'ont soutenu dans la réalisation de mon rêve.

Ça ne pouvait pas tomber à un meilleur moment! Je vous épargne les détails, mais ma maison avait brûlé quelques mois plus tôt, j'avais défoncé la limite de ma Visa dans le voyage de Yellowknife à Ottawa pour entrer à l'université et je n'étais même pas capable de payer mes frais de scolarité. Vous dire le service que vous m'avez rendu!

Je vous remercie de m'accorder une bourse du millénaire. L'université à laquelle je suis inscrite n'offre pas de service de résidences, aussi je n'ai pas le choix de louer un appartement. Il ne saurait en être autrement puisque mes parents habitent à 400 km d'ici. Comme le taux

d'inoccupation est à peu près nul dans cette ville, les loyers sont exor-
bitants, et le revenu de mes deux emplois à temps partiel ne suffit pas
à rencontrer mes mensualités. Merci encore!

J'étudie en troisième année pour devenir pasteur. Parallèlement à
mes études, je dois m'occuper de ma mère, âgée de 77 ans, et de deux
de mes tantes, qui ont respectivement 82 et 88 ans. Je travaille égale-
ment dans une maison de retraite, un orphelinat, un hôpital et, les
samedis et dimanches, j'assiste le pasteur à l'église. Grâce à votre
soutien, il me sera sûrement possible de compléter mes études et de
continuer par la suite à bien servir ma communauté.

Nous sommes quatre dans la famille à fréquenter l'Université du
Nouveau-Brunswick. Les frais de scolarité et le coût de la vie sont
astronomiques. Votre aide a été précieuse, et je vous en remercie.

Avant le divorce de mes parents en 1992, mon père avait déjà quitté la
maison et nous avait laissés sans ressource. Il avait même retiré mon
fonds d'épargne études, qui était malheureusement à son nom. En
plus de se retrouver sans le sou et sans pension alimentaire, maman
a développé un cancer du sein un an et demi avant le divorce…

À la fois mère célibataire, récemment arrivée au pays et aux études,
je ne saurais suffisamment vous remercier pour l'aide financière
que vous m'avez apportée. Avant de venir au Canada je travaillais 77
dans mon pays d'origine dans le domaine de la santé, aujourd'hui
j'étudie en vue de devenir analyste-programmeur. Le soutien finan-
cier de la Fondation des bourses du millénaire me permet d'imaginer
le jour où je serai citoyenne canadienne, fière de ce que j'ai accom-
pli dans mon pays d'adoption, à la fois en informatique et en
médecine.

Après avoir obtenu son diplôme, une étudiante prend conscience de l'aide inestimable qu'elle a reçue et elle écrit à la
Fondation pour faire part de sa joie :

Bonjour tout le monde!

*Je viens tout juste d'avoir une conversation téléphonique avec
une représentante du bureau d'aide étudiante du Manitoba. Elle m'a
informé au téléphone du nombre et de la valeur des bourses du millénaire que j'ai reçues. Je note la première, puis la deuxième, puis la
troisième. Au total, sur trois ans, j'avais reçu 10 571$. Je n'en reve-
nais pas. Je me suis mise à pleurer.*

*Quand j'étais à l'école, je travaillais comme une folle, j'étais tout
le temps cassée, je ne mangeais pas toujours à ma faim. Je recevais
bien les lettres de la Fondation, mais j'avais tellement de problèmes
d'argent et je stressais tellement à cause de ça que je les mettais dans
le tiroir, j'encaissais le chèque et je ne me rendais pas trop compte de
ce qui m'arrivait par la poste.*

*Mais aujourd'hui, je travaille depuis un an, mes années d'études
sont derrière moi, et quand j'entends la dame au téléphone me donner l'information, je suis vraiment très étonnée! Étonnée de ce que
votre fondation a fait et maintenant consciente de ce que ces bourses
ont signifié pour moi! Les mots me manquent!*

*Merci, merci, merci. Merci mille fois de venir en aide à des étu-
diantes comme moi. Probablement que je ne suis pas la seule à me
rendre compte sur le tard, bien trop tard, de l'importance que ces
bourses ont pu avoir, mais croyez-moi, vient un jour où on s'en rend
compte. Et alors on s'aperçoit que la Fondation canadienne des
bourses d'études du millénaire, ce n'était pas rien. Non, vraiment, ce
n'était pas rien!*

*Dites à tout le monde à quel point votre travail dépasse la simple
fonction administrative, que ça va bien au-delà de ça!*

EN 2002, Jean Monty quitte soudainement six des huit conseils d'administration sur lesquels il siège, dont celui de BCE Entreprises et la présidence du conseil de la Fondation canadienne des bourses d'études du millénaire. Gérard Veilleux prend alors sa succession. Né en 1942 à East Broughton, dans la région de Chaudière-Appalaches, ce gestionnaire québécois, fait officier de l'Ordre du Canada en 1995, a eu une carrière publique florissante et a travaillé pour les gouvernements du Québec, du Manitoba et du Canada. Secrétaire adjoint du Cabinet pour les relations fédérales/provinciales, secrétaire du Conseil du trésor et président de la Société Radio-Canada de 1989 à 1993, il joint le secteur privé en 1994 en devenant président de Power Communications, filiale de l'empire de Paul Desmarais. Depuis plus de quarante ans, il est un ami intime du premier ministre Jean Chrétien, qu'il a rencontré dans les années 1960, alors que le quasi unilingue Jean Chrétien était secrétaire parlementaire du ministre des Finances et que Gérard Veilleux était l'un des seuls francophones du ministère.

Jean Monty avait été une sorte de divinité de l'Olympe, puissant et très influent, mais qui ne s'immisçait guère dans la cuisine journalière. Sorti des meilleures écoles privées, il a cependant très vite compris l'idée de service public et s'est consacré à sa tâche avec diligence. Mais il n'en reste pas moins que Gérard Veilleux comprenait plus viscéralement le rôle et la mission de la Fondation. Il venait, tout comme son ami Jean Chrétien, d'un milieu humble, avait rencontré des obstacles et avait dû se battre pour parvenir à faire des études; il savait à quel point l'éducation à laquelle il avait eu accès avait modifié son destin. Benjamin d'une famille de cinq enfants, Gérard Veilleux n'avait que cinq ans au décès de son père. Son frère aîné, âgé de 17 ans, dut alors se résoudre à quitter l'école et à devenir soutien de famille.

« Si vous me permettez une confidence, je vais vous raconter ce que mon frère m'a dit tout juste avant sa mort. Un jour, en rentrant du travail, il est allé voir notre mère et lui a dit : il faut faire quelque chose pour le petit (le petit, évidemment, c'était moi). Si on économise un peu, on va peut-être pouvoir se permettre de l'envoyer à l'école. Si on met de côté 5 dollars par semaine durant 10 à 12 ans, on va se retrouver à la fin avec quelque chose comme 12 000 $ et Gérard va pouvoir faire des études. C'était en 1947. Cinq dollars par semaine, c'était énorme. Ils ont économisé les sous. Mais ma mère s'est remariée et une série de malchances a fait en sorte que c'est le nouveau mari qui a profité du pécule amassé. Je n'avais jamais su cette histoire avant tout récemment. Mais mon frère a rajouté : au fond, ce n'était peut-être pas une mauvaise affaire, parce que tu as finalement su tracer ton propre chemin et obtenu des bourses et de l'aide financière aux étudiants. »

Une histoire assez incroyable. « En effet, soupire Veilleux. Une histoire de chance, de générosité, de vision aussi. Mon frère aîné a toujours été fier de son petit frère, et je dois dire que le regard aimant qu'il n'a jamais cessé de poser sur moi m'a fortement encouragé. Et je ne voulais pas le décevoir, bien sûr. »

Gérard Veilleux a été un président du conseil infiniment dévoué. Il a toujours été à l'écoute des gens. Il cherchait à établir le consensus et à faire en sorte que tous s'engagent à fond dans leur travail pour la Fondation. Il pouvait se montrer ferme lorsque c'était nécessaire, mais, comme le dit si bien Norman Riddell, « le conseil d'administration a vraiment pris forme et solidité sous le règne de Gérard ». L'engagement : voilà le mot qui s'impose pour décrire l'apport de Monsieur Veilleux. Il portait un intérêt personnel à la Fondation, il venait fréquemment dans les bureaux, situés non loin des siens, parlait aux employés, créait de vrais liens personnels et amicaux. Il en est peu à peu venu à connaître parfaitement tous les rouages de la machine et a toujours été de précieux conseil lorsque Norman Riddell devait discuter de questions délicates. Outre cet engagement sans faille, on retiendra des années Gérard Veilleux cette attention à l'humain, de plus en plus rare en cette époque de déshumanisation et de performance à tout prix.

Mais si Monsieur Veilleux s'est toujours montré réellement préoccupé par le destin de la Fondation, il ne s'ingérait aucunement dans les prises de décisions. Comme il le reconnaît lui-même, « mon approche, ma manière de voir les choses, je les ai acquises chez Power, cette entreprise familiale qui privilégie le long terme ». Parmi ses principes : « Laissez les administrateurs faire leur travail, assurez-vous d'embaucher les bonnes personnes, restez vigilant au sein du conseil d'administration, développez des plans stratégiques qui sont efficaces et ensuite, respectez-les. Saluez les initiatives et les réussites de vos employés. » Il aura toujours et en toutes circonstances obéi à ces principes. Et en appliquant ces principes à la Fondation, il a obtenu de formidables résultats.

Gérard Veilleux est donc entré en fonction en 2002, pour une période de cinq ans, sans rémunération aucune. C'était à ses yeux un honneur et une chance de pouvoir rendre au pays, de bien modeste façon, croyait-il, ce qu'il avait reçu au fil des ans. Cependant, en 2007, au terme de son mandat, le gouvernement fédéral avait changé, et il a reçu une lettre l'avisant que son Ordre en conseil venait à échéance et qu'on le remerciait de ce qu'il avait fait. En d'autres termes : Merci et au revoir!

« Un peu cavalier, dit-il poliment. Très cavalier, à vrai dire. Ma mère aurait dit que c'était mal élevé. » Mais la loi prévoit qu'en de telles circonstances, les gens peuvent continuer à occuper leur poste jusqu'à ce que leur successeur soit désigné, ce que le gouvernement tarda à faire. Par conséquent, Veilleux demeura en fonction jusqu'à la fin de 2008. Considérant que la Fondation allait bientôt fermer ses portes, il n'était pas aisé de lui trouver un remplaçant. Les membres du conseil en vinrent à la conclusion qu'il serait préférable de faire nommer un membre du conseil. C'est ainsi qu'ils proposèrent la candidature de Madame Paule Leduc et que le gouvernement accepta la proposition.

Élégante, cultivée, de très agréable commerce, Paule Leduc siégeait depuis déjà huit ans au conseil d'administration de la Fondation. Comme l'écrit Élaine Hémond dans un texte qui fait le portrait de cette femme exceptionnelle qui fut rectrice de l'Université du Québec à Montréal, « l'absence de limites, voilà des mots importants pour Paule Leduc qui, elle l'admet volontiers, est d'abord une femme de passion. C'est d'ailleurs dans son goût pour le dépassement qu'elle voit le fil conducteur de sa carrière. Une carrière où se sont succédées les responsabilités les plus diverses et parfois les plus inattendues pour une docteure en lettres. Ainsi, s'il était dans le droit fil de sa formation universitaire de devenir, en 1972, directrice du département d'études littéraires de l'UQAM, il n'était pas banal, quelques années plus tard, de retrouver cette spécialiste de Georges Bataille dans un poste de sous-ministre adjointe à l'administration. C'était en 1975, au ministère des Affaires sociales du Québec. Plus tard, en 1977, elle sera nommée présidente du Conseil des universités et, en 1981, secrétaire générale associée au développement social, puis au développement culturel, au ministère du Conseil exécutif. Et les postes de sous-ministres en titre se sont succédés, presque de deux ans en deux ans, aux Affaires intergouvernementales, aux Relations internationales et aux Affaires culturelles du Québec. À la fin des années 1980, petit détour du côté fédéral, alors qu'elle accède à la présidence du Conseil de recherches en sciences humaines du Canada, puis à la direction du Conseil des arts, avant qu'elle ne devienne vice-présidente à l'enseignement et à la recherche de l'Université du Québec, en 1994. À travers ce cheminement éclectique, il est facile de voir que Paule Leduc ne recherche ni la routine ni la facilité professionnelle. Elle avoue même aimer ce qui est exigeant et inconfortable. "J'ai le sentiment que dans toute situation, qu'elle soit personnelle, économique ou administrative, il faut à tout prix éviter le *statu quo* et ce travers extrêmement dérangeant qu'est le confort intellectuel", affirme-t-elle. »

Quand la Fondation a vu le jour, Paule Leduc était rectrice de l'UQAM et faisait donc partie de ces recteurs, chanceliers et têtes dirigeantes des universités québécoises qui s'opposaient à cette initiative fédérale, consternés de voir autant d'argent injecté dans une organisation sans passé. Mais, une fois résolu le contentieux avec le Québec, il ne faisait aucun doute que la Fondation allait permettre l'injection d'importantes sommes d'argent dans l'aide financière aux étudiants. Aussi se sentait-elle tout à fait à l'aise de joindre l'équipe.

Lorsqu'elle devint rectrice de l'UQAM, Paule Leduc eut ces paroles prophétiques : « Si les plans d'action soumis doivent, pour assurer une formation de qualité à l'étudiant, entraîner des dérangements dans les façons de faire, de gérer ou de décider, nous procéderons aux changements nécessaires. » Et d'un même souffle, elle ajoutait : « Mais on échappe difficilement aux effets de systèmes qui sont mangeurs d'énergie. Il est vrai que le danger d'une grosse structure comme celle de l'UQAM, c'est de perdre de vue l'essentiel qui est la réussite de l'étudiant. » Elle appliqua ces mêmes mots d'ordre au cours de ses années passées à la Fondation : qu'importent les conflits entre le fédéral et les provinces, qu'importent les procédures, à ses yeux, une seule chose devait préoccuper l'équipe de la Fondation et c'est l'aide aux étudiants. Et si, pour cela, il fallait procéder « aux changements nécessaires », eh bien Paule Leduc était la première à mettre l'épaule à la roue!

LA NOMINATION d'un nouveau président du conseil en 2002 ne fut qu'un des nombreux changements significatifs apportés à la Fondation au mitan de son mandat. Selon la loi qui l'avait créée, la Fondation devait, entre sa quatrième et sa cinquième année de fonctionnement, « établir un rapport détaillé de ses activités et de son organisation ». Il y eut donc une « révision au mitan ». Mais, selon Andrew Parkin, cette expression n'est peut-être pas tout à fait celle qui convient.

« La révision couvrait les cinq premières années du mandat et remontait donc à 1998, explique-t-il. Mais comme personne n'avait été embauché avant 1999 et que pas une bourse ne fut accordée avant 2000, l'état des lieux ne couvrait en vérité que les trois premières années d'activité. Et les personnes chargées de la rédaction de ce bilan provisoire étaient bien embêtées à l'idée de devoir répondre aux questions "Que faisons-nous et où allons-nous?" Trop peu de temps s'était écoulé pour qu'ils puissent répondre vraiment en toute connaissance de cause! »

Cette étude à mi-parcours a été menée par l'Institut des relations intergouvernementales de l'Université Queen's et a bénéficié de l'expertise de chercheurs de diverses régions du pays. Leurs conclusions étaient plus que réjouissantes : « une organisation innovatrice et bien gérée » et des félicitations sur sa gestion, pour ses bourses d'excellence, pour la pertinence de son programme de recherche, même si, il faut bien le dire, certains observateurs avaient trouvé « inapproprié » ce programme de recherche et considéré qu'il s'agissait là d'un glissement par rapport au mandat.

L'étude remettait aussi en question les prémisses de base du programme de bourses et remettait en question le bien-fondé de l'idée selon laquelle la réduction de la dette étudiante était le meilleur moyen de permettre un plus grand accès aux études postsecondaires. Une question fondamentale, en effet, que l'on a fréquemment soulevé à la Fondation. Les auteurs de l'étude en venaient à la conclusion que l'impact du programme de bourses aurait peut-être été plus grand si on avait versé de l'argent neuf aux étudiants au lieu de réduire leur dette.

Ce rapport en main, la Fondation a organisé une consultation publique à travers 18 villes du pays, sollicité les points de vue de 500 personnes lors d'assemblées et de 250 autres par courrier électronique. « Nous avons compilé les résultats de toutes ces consultations, dit Randolf Harrold, et en sommes venus à la conclusion que nous n'atteignions pas totalement notre but, qui était de venir en aide aux étudiants à faible revenu. Les commentaires contenus dans le rapport de l'Université Queen's et les consultations nationales nous ont amené à opérer certains changements dans nos programmes. Le programme de bourses générales fut ainsi étendu pour inclure les étudiants en première année, ce qui n'était pas le cas auparavant. Et, puisque la Fondation était en bonne santé financière et que l'on prévoyait disposer de 250 millions de dollars supplémentaires, il fut possible de mettre sur pied un nouveau programme de bourses (les bourses d'accès), destinées tout spécialement aux étudiants à faible revenu, programme mieux arrimé aux divers programmes provinciaux. »

« Nous avons appris au fil des ans, ajoute pour sa part Andrew Parkin, que la situation des étudiants et la façon dont les programmes d'aide financière fonctionnent ne sont pas du tout les mêmes d'une province à l'autre. Nous pouvions par conséquent faire un meilleur usage de l'argent neuf en nous adaptant aux diverses réalités des provinces. De quoi les étudiants avaient-ils besoin? Quels étaient les besoins déjà couverts par les autres programmes de bourses? Les réponses variaient énormément d'une juridiction à l'autre. Et, par-dessus tout, la manière d'utiliser l'argent reçu était aussi très différente. »

Après trois ans de fonctionnement, ces conclusions ont conduit la Fondation à négocier autant de nouveaux accords et de programmes qu'il y a de provinces et de territoires au pays. L'Alberta souhaitait par exemple venir tout particulièrement en aide aux étudiants des milieux ruraux; la Saskatchewan désirait de son côté créer un programme spécial pour les étudiants autochtones; au Manitoba, c'était les étudiants adultes qu'on voulait privilégier. Puisque la Fondation respectait les choix et priorités de chacun, et comme les provinces étaient toutes d'accord pour fournir une participation financière, la suite des choses s'inscrivit plus que jamais sous le signe du partenariat.

Andrew Parkin se remémore tout spécialement la négociation avec l'Ontario. « La province venait de recevoir un rapport qui lui recommandait de créer un régime particulier d'aide aux étudiants les moins fortunés; c'était également ce que nous cherchions à faire de notre côté. J'ai rencontré le directeur de l'aide financière aux études de la provinces, Richard Jackson, et lui ai dit que la Fondation avait l'argent alors que, lui, venait de recevoir ce rapport qui recommandait de réorienter son programme d'aide. Richard m'a regardé, incrédule, et m'a rétorqué : Veux-tu dire que tu vas utiliser votre argent pour nous aider à financer notre programme? Je lui ai répondu : Tu as tout compris. »

Quelques jours plus tard, Jackson et un de ses acolytes venaient à Montréal. Ils se sont assis avec Parkin et un de ses collègues dans la salle de conférence de la Fondation et, autour d'un poulet barbecue, ils ont écrit les termes du nouvel accord parce que ça pressait, le gouvernement devant annoncer le nouveau programme dans son budget quelques jours plus tard. « Cela a pris quatre personnes, deux ordinateurs portables et quatre cuisses de poulet pour créer un programme de 45 millions de dollars d'une durée de quatre ans! »

DÈS LE début, la Fondation avait jonglé avec l'idée de ramasser des fonds afin de financer la poursuite de son œuvre et étendre ses programmes de façon totalement indépendante du gouvernement. Cette vision d'une vaste société philanthropique s'est estompée au fil des ans, mais un partenariat fort intéressant avec une organisation non gouvernementale a toutefois vu le jour.

Le Congrès mondial du pétrole réunit tous les trois ans des compagnies pétrolières, des organisations environnementales, des ministres de l'énergie, des analystes politiques venus de diverses organisations internationales et d'autres joueurs importants du monde des industries pétrolières et du gaz. Ce congrès se tient dans différentes villes du monde, et chacune de ces assemblées est organisée par la branche locale du Conseil mondial du pétrole, une organisation internationale dont le siège social est situé à Londres et qui regroupe pas moins de 80 pays. En 2000, le Congrès a eu lieu à Calgary.

Après la tenue de l'événement, le comité organisateur canadien disposait d'un surplus de cinq millions de dollars, qu'il a décidé de consacrer en grande part, soit 4,2 millions, à la création de bourses destinées à des étudiants inscrits dans des programmes d'études liés d'une manière ou l'autre à l'industrie pétrolière ou gazière. Il a choisi la Fondation pour concevoir et gérer ce nouveau programme.

La Fondation a alors convenu d'une entente avec 49 établissements d'enseignement postsecondaire qui offraient des cursus pertinents correspondant aux critères du bailleur de fond. Cela a permis de verser annuellement pas moins de 200 bourses du Conseil mondial du pétrole. N'étaient éligibles à ces bourses que les étudiants ayant déjà reçu une bourse du millénaire, ce qui démontrait leur besoin financier. Chaque année, la Fondation sortait de sa base de données le nom des boursiers qui étudiaient dans l'une ou l'autre des disciplines visées par l'entente, communiquait ces noms aux établissements concernés, qui lui confirmaient en retour les résultats scolaires des étudiants. Ainsi la Fondation sélectionnait-elle les 200 meilleurs candidats et leur attribuait une bourse.

Je suis inscrit en troisième année de génie chimique. Né en Afghanistan, je suis arrivé ici il y a sept ans et je suis entré directement en deuxième secondaire sans avoir complété d'études primaires. À l'époque, je ne parlais pas un mot d'anglais, mais j'ai appris qu'en travaillant fort, tout est possible. C'est comme ça que je suis parvenu à entrer à l'université et à me bâtir un avenir dont je n'aurais jamais pu rêver dans mon pays d'origine. Et j'y ai rencontré la femme de ma vie. Mais ce n'était pas tout d'être admis à l'université, encore fallait-il payer les frais de scolarité et défrayer les autres coûts associés à toutes ces années d'études. Jamais je ne vous remercierai assez pour votre assistance financière. J'espère un jour être en mesure de venir en aide à de jeunes étudiants, comme vous l'avez fait pour moi.

« Ces jeunes ont reçu une bourse du Conseil mondial du pétrole (CMP), en partie en raison de leurs résultats scolaires; ils méritaient selon nous qu'on vante leurs mérites, souligne Randolf Harrold, responsable du nouveau programme de bourses. Nous avons organisé des cérémonies auxquelles étaient conviés des représentants de l'industrie pétrolière, qui pouvaient alors rencontrer la crème de la crème de la relève. Nous avons tenu ces cérémonies dans plusieurs grandes villes du pays, comme Calgary, Toronto, Montréal et St. John's; on y saluait le mérite de ces étudiants et on leur fournissait en même temps l'occasion d'établir des contacts avec des gens susceptibles de les embaucher un jour. Nous avons même créé un site web sur lequel les étudiants pouvaient afficher leur *curriculum vitæ* et où les responsables des ressources humaines pouvaient venir les consulter avant de communiquer avec les candidats. L'initiative a eu un tel succès que le Conseil mondial du pétrole m'a demandé de présenter notre programme lors d'une de leurs assemblées générales, avec pour résultat que des programmes similaires ont été implantés au Brésil, en Afrique du Sud, en Norvège et en Espagne. »

Fait à noter, comme l'indique Randolf Harrold : « les industries pétrolières sont peut-être en pleine expansion, mais plusieurs scientifiques, ingénieurs et dirigeants sont sur le point d'atteindre l'âge de la retraite, alors que les jeunes se méfient de ces grandes industries polluantes. Par conséquent, le Congrès mondial du pétrole aborde et discute maintenant ouvertement de questions d'environnement et de responsabilité sociale, et réunit un forum jeunesse centré sur les raisons pour lesquelles les jeunes hésitent à joindre les rangs de l'industrie, les changements climatiques, les technologies alternatives, la réduction des gaz à effet de serre, la qualité et la protection de l'environnement. »

« Je ne le répéterai jamais assez, dit Norman Riddell, la Fondation est un agent de changement. Qui aurait dit qu'elle donnerait le jour à des programmes en Afrique et en Amérique du Sud, soutenus de plus par l'industrie pétrolière! »

89

› L'odyssée de Christian Hamuli

. . . .

CHRISTIAN HAMULI avait 18 ans, en 1990, lorsque des commandos à la solde de son gouvernement ont pris d'assaut l'Université de Lubumbashi, où il poursuivait des études de génie avec l'intention de marcher sur les traces de son oncle. Lubumbashi est, selon les estimations, la deuxième ou troisième ville la plus peuplée de la République démocratique du Congo, dirigée alors par Joseph-Désiré Mobutu, qui a transformé la République en dictature. Il s'est donné le nom de Mobutu Sese Seko Kuku Ngbendu wa Za Banga et, par souci d'authenticité africaine, a rebaptisé le pays Zaïre. Sous sa gouverne, le Congo est devenu le cheval de Troie des Américains contre la montée communiste en Afrique et particulièrement en Afrique australe.

Sa vie durant, Mobutu entretiendra une crainte et une haine féroces à l'égard des idées, de la pensée et, par conséquent, des étudiants et des professeurs. En 1969, il fait écraser une première révolte étudiante. Les cadavres des manifestants abattus sont jetés dans des fosses communes, et 12 d'entre eux sont condamnés à mort. L'Université est fermée pendant un an, et ses 2 000 étudiants enrôlés dans l'armée où, selon la télévision nationale, « ils apprennent à obéir et à fermer leur gueule ».

Christian Hamuli explique que « Mobutu était littéralement obsédé par les étudiants et leurs capacités intellectuelles. Dans les universités régnait la liberté de parole, des jeunes gens y étaient initiés aux sciences politiques et mis en contact avec des réalités fort éloignées de la leur. Ils découvraient alors à quel point il pouvait y avoir des failles dans le système politique congolais. Et puis certains politiciens comptaient obtenir l'appui de ces jeunes consciences éveillées. Aux yeux de Mobutu, ces étudiants étaient par conséquent des éléments rebelles qu'il fallait absolument mater. »

Christian survit aux attaques de 1990 et il reprend ses études l'année suivante, lorsque l'Université rouvre ses portes. Cependant, trois ans plus tard, c'est au tour de sa famille de subir une attaque armée, et son seul frère, âgé de 15 ans, est abattu. « C'en était trop, dit-il, je ne pouvais plus vivre au Congo. À mes yeux, ce pays était perdu. Je suis parti. »

Il s'établit d'abord au Kenya, où il survit tant bien que mal durant un an et demi. Son statut d'immigrant illégal fait en sorte qu'il est arrêté et mis en prison pour une brève période. « Personne ne veut être emprisonné au Kenya, dit-il posément. Dans ces prisons, tout est possible. » Un hasard heureux fait en sorte qu'il fait la connaissance d'un Canadien qui lui recommande de partir pour l'Ouganda, où il lui serait plus facile, selon lui, d'obtenir un statut de réfugié, puisque le pays a une frontière naturelle avec le Congo, ce qui n'est pas le cas du Kenya, situé plus à l'est.

En Ouganda, il vit en donnant des cours de français et fait une demande de visa d'étudiant pour le Canada, mais comprend vite qu'aucune faculté de génie ne lui ouvrirait ses portes. C'est alors qu'une fonctionnaire canadienne, persuadée que Christian pourrait aisément s'adapter au Canada, lui suggère de faire une autre demande, cette fois à titre de travailleur indépendant. « Que cette femme soit bénie! s'exclame aujourd'hui Christian. Au départ, je ne la croyais pas, mais un jour, je me souviens, j'étais en train de donner un cours de français, et un ami m'a appelé pour me dire que j'avais bel et bien reçu mon visa. »

C'est comme ça qu'il se retrouve à Edmonton. Il a droit en arrivant à une année de prestations d'aide sociale, le temps de s'intégrer et d'entrer sur le marché du travail, mais après seulement un mois, il apprend à rédiger un *curriculum vitæ* et décroche un emploi dans une laverie de 20 h 30 à 5 h du matin. « Après six mois, je me suis dit : non, c'est assez, ce travail est trop abrutissant, je dois faire autre chose de ma vie. Je suis allé voir mon patron et lui ai dit que je souhaitais retourner à l'école. Comme il voulait me garder, il m'a proposé de prendre le quart de jour. » Mais un an plus tard, Christian souhaite plus que jamais retourner sur les bancs d'école. Il s'inscrit au Collège Grant MacEwen pour une année de propédeutique qui lui permettra ensuite d'entrer à l'université. Il continue à travailler le jour et étudie le soir, ce qui n'est pas évident pour lui, qui a dû abandonner les études il y a déjà huit ans.

« Oui, c'était dur. Survivre grâce à un petit prêt étudiant dans un pays qui m'était encore en grande partie inconnu. Continuer à travailler dans cette laverie. Travailler dix heures le dimanche et rester éveillé le lundi matin en classe! » Mais il persévère et s'inscrit ensuite à l'Université de l'Alberta. Comme on a désespérément besoin d'ingénieurs civils dans plusieurs pays africains, il pense tout d'abord aller dans cette discipline, mais un collègue de classe lui suggère poliment de penser plutôt à son avenir au Canada. Il décide ainsi d'étudier en génie pétrolier.

Randolf Harrold précise que « Christian était admissible à une bourse du millénaire parce qu'il avait déjà obtenu des prêts du service d'aide financière aux étudiants de l'Alberta et du Programme canadien de prêts étudiants. Puis, en troisième année d'université, on lui a décerné une bourse du Conseil mondial du pétrole. »

« Je trouve un jour une lettre dans mon courrier, se souvient Christian, m'apprenant qu'on m'accordait une bourse. Quelle formidable surprise! Un ange descendait du ciel et me mettait la main sur l'épaule! Cette bourse me procurait plus que ce que j'aurais gagné en un an en travaillant tous les dimanches à la laverie. Pourquoi continuer à me tuer à la tâche? Je pouvais enfin me consacrer pleinement à mes études et quitter ce travail. »

À titre de boursier du CMP, Christian est invité à prononcer une allocution à Montréal, où il fait la rencontre d'un « esprit supérieur », David Boone, qui appartient à la haute gomme de l'industrie pétrolière. Boone est devenu par la suite le mentor et l'ami de Christian, il a conseillé et guidé le jeune diplômé jusqu'à ce qu'il obtienne son poste à l'Office de l'énergie de l'Alberta, qui réglemente l'industrie pétrolière de la province.

Aujourd'hui, Christian Hamuli est assis, souriant, dans le hall des quartiers généraux de l'Office, à Calgary, et raconte à qui veut l'entendre combien il aime son travail. Il se lève chaque matin, heureux à l'idée d'aller au bureau! Il a récemment épousé la fille d'un autre réfugié congolais et, après en avoir parlé avec son protecteur David Boone, a décidé d'acheter une maison. Il est récemment retourné pour la première fois au Congo rendre visite à ses parents et a constaté avec tristesse l'état pitoyable de son pays d'origine. Il entretient l'espoir de pouvoir faire bientôt quelque chose pour son pays, auquel il demeure très attaché, mais il vit désormais au Canada. « C'est ici que je veux fonder une famille. Je ne saurais imaginer désormais vivre ailleurs qu'ici. »

> *quatre*

CULTIVER L'EXCELLENCE

. . . .

MELISSA MOI occupe les fonctions d'agente des bourses au Programme de bourses d'excellence de la Fondation. Elle se souvient : « J'ai eu un de mes premiers entretiens avec un étudiant venu d'une région rurale de l'Alberta. Il avait 16 ans lorsque son père a dû se rendre à l'évidence qu'il ne pouvait plus s'occuper de la ferme et n'avait d'autre solution que de trouver un emploi en Saskatchewan pour faire vivre sa famille. Mais le fils ne pouvait se résoudre à voir ainsi la ferme disparaître et a décidé—à 16 ans!—qu'il allait en assurer la gestion, avec ses deux employés. Il avait 18 ans lorsqu'il a présenté une demande de bourse. En lisant la lettre de recommandation qui accompagnait son dossier, j'ai eu le sentiment très net que ce garçon était déjà un pilier dans sa communauté. »

Oui, un pilier. Ça ne faisait aucun doute. Après avoir repris en main la ferme de son père, Jared Foat a continué d'étudier pendant deux ans et demi en suivant des cours sur Internet après quoi il est retourné à l'école. Tout en poursuivant ses études à temps plein, il était membre du conseil étudiant, capitaine des équipes de hockey et de volley-ball en plus d'être président du Club local 4-H, cet organisme à but non lucratif qui a pour mission de développer l'intérêt et les compétences des jeunes par des activités éducatives et de loisir touchant la nature, la forêt et l'environnement, et cela dans le respect de la devise « Honneur, Honnêteté, Habileté et Humanité ». Pendant les années passées au Club 4-H, Jared a mis sur pied toute une série d'ateliers, tant pour les étudiants que pour les parents, convaincu de la nécessité de bâtir des ponts entre les générations et de souder ainsi les liens à l'intérieur de sa communauté.

Jared n'avait alors qu'un rêve : posséder et s'occuper de la ferme familiale située près de Carstairs en Alberta. Mais son père insistait pour qu'il acquière d'abord les qualifications nécessaires pour occuper un poste lucratif, le travail à la ferme étant à ses yeux beaucoup trop précaire. C'est ainsi que Jared a cédé aux pressions paternelles et a décidé de devenir chiropraticien. Il souhaitait pour cela s'inscrire au cours préparatoire offert au Mount Royal College, à Calgary, tout en continuant d'opérer la ferme (« travailler à la ferme, est-ce que ce n'est pas un job d'été après tout! », se plaisait-il à répéter). C'est à cette époque qu'il fait une demande en vue d'obtenir une bourse d'excellence de la Fondation.

« Je communique alors avec lui pour l'interviewer, se souvient Melissa. Sa mère, qui pensait que j'étais une amie, me répond : "Il est en train de traire les vaches, ma petite!" Je lui dis alors qui je suis et lui demande combien de temps ça va lui prendre. "Ben, ça dépend des jours. Je ne sais pas. Mais tu peux toujours l'appeler sur son portable. S'il n'est pas trop pris avec ses vaches, il va peut-être pouvoir te répondre tout de suite…" »

« Voyez, c'est précisément le type de personnes à qui la Fondation accorde une bourse d'excellence! Ce n'est pas qu'une question de résultats scolaires, même si, bien sûr, on les prend en considération. En fait, ce que la Fondation a toujours voulu soutenir et encourager, c'est la force de caractère, le cœur à l'ouvrage, l'imagination et le leadership. Ces bourses sont attribuées à des gens conscients des besoins de leur communauté et qui tentent de les combler. Nos boursiers ne sont pas les leaders de demain (Melissa insiste là-dessus); ce sont les leaders d'aujourd'hui! »

LE PROGRAMME de bourses d'excellence de la Fondation est un peu le programme qui définit la Fondation! Ce programme ne représente peut-être que 5 % des sommes accordées aux étudiants, mais, comme le fait remarquer Norman Riddell, « c'est un programme à haute valeur ajoutée auquel collabore le quart du personnel de la Fondation ». Et c'est le seul programme de la Fondation qui n'ait pas été destiné à des étudiants dans le besoin. C'est un programme uniquement fondé sur le mérite et qui a pour but d'identifier les garçons et les filles susceptibles de contribuer à l'essor du pays. Il ne s'agissait pas uniquement de leur verser de l'argent : il s'agissait aussi de faire en sorte qu'ils aient à leur disposition tous les outils pour s'épanouir, à la fois comme étudiants et comme leaders dans leur communauté. Un tout petit 5 % peut sembler dérisoire, mais n'oublions pas que 5 % de trois milliards de dollars, cela représente 150 millions! Ce qui en a fait le plus important programme de bourses d'excellence au pays.

Andrew Woodall—à ne pas confondre avec l'acteur britannique du même nom!—dirige le programme de bourses d'excellence du millénaire. « Ce programme, dit-il d'entrée de jeu, est absolument unique. Il n'y a jamais rien eu de pareil au pays, et on n'est pas près d'en voir un autre! Au départ, ça pouvait sembler élitiste de récompenser les meilleurs étudiants. En réalité, ça aurait peut-être été élitiste si on n'avait honoré que les 40 meilleurs étudiants, mais on en récompense 2 000 chaque année! »

Avec son allure sportive décontractée, son regard chaleureux et passionné, Andrew a toujours l'air un peu déguisé lorsqu'on le voit apparaître portant cravate et complet veston! Car il est plutôt du genre à porter pantalons cargo et t-shirt et n'est jamais autant dans son élément que lors des rencontres avec les étudiants pendant le week-end.

Tiens, on entend encore des voix :

Andrew est un homme authentique, avec qui il est possible d'avoir un contact vrai, franc et ouvert. C'est le genre d'hommes qui fait bouger les choses.

C'est en voyant sa détermination, à quel point il n'a pas peur de prendre des risques et de mouiller sa chemise que je me suis dit que je pouvais en faire autant.

Andrew est du genre à dire qu'il ne sait pas trop comment fonctionnent les choses, à ne pas connaître les rouages de la machine. Pourtant, il ne cesse de prouver le contraire. On le sait, ce sont les gens les plus humbles qui sont souvent les plus compétents, méticuleux et attentifs.

Et puis, il a l'art de responsabiliser les gens avec qui il travaille.

C'est un homme de vision, qui sait l'importance de créer des réseaux afin que les décisions aient le plus grand impact possible.

Déjà, à l'âge de 44 ans, Andrew Woodall était l'éminence grise du programme! Un titre qui le fait sûrement sourire, lui qui n'use jamais de son autorité et qui ne se voit absolument pas comme un patron. Il a toujours travaillé en étroite collaboration avec les membres de son équipe qui, en général, avaient la moitié de son âge.

Cet écart d'âge le fait d'ailleurs sourire : « C'est vrai que mon équipe était composée de jeunots! Mais ils avaient les qualités de la jeunesse : brillants, allumés et pas des *bullshitters!* Si vous les stimuliez, ils vous donnaient beaucoup en retour, même qu'ils ne savaient pas s'arrêter! C'est mieux comme ça que le contraire, non? Ce sont des gens qui ne comptaient pas leur temps et qui étaient extrêmement dévoués. Je vous dirais même que c'est la part de mon travail que je préférais, cette connivence avec tous les gens qui m'entouraient, cet esprit d'équipe, cette émulation. Et puis on a tous eu la chance inouïe de travailler à quelque chose qui avait vraiment un sens. Sans parler du fait que les lauréats de nos bourses étaient des personnes exceptionnelles, de qui je pouvais apprendre beaucoup. Je ne les rencontrais pas tous, c'est vrai, mais je sais à quel point il était stimulant pour les membres de l'équipe de se consacrer à l'épanouissement de ces jeunes qui avaient déjà autant d'envergure! Nous avions tous les jours le sentiment de bâtir un avenir meilleur. N'est-ce pas formidable? »

« Aucun aspect de ce programme de bourses d'excellence ne nous était étranger, ajoute Andrew. Ce qui veut dire que l'on s'occupait de tout : marketing, formulaires de demandes, évaluation des demandes, tout. Et puis, comme le tiers de ces bourses étaient renouvelables, il fallait aussi veiller à garder le lien avec les boursiers. »

Le programme de bourses d'excellence a été mis sur pied par Franca Gucciardi, qui en a été la première responsable. Au moment où elle était étudiante, Franca a été l'une des premières récipiendaires d'une bourse de la Fondation canadienne des bourses de mérite (FCBM), cet organisme fondé en 1998 et

99

qui a été le premier au Canada à octroyer des bourses sur une combinaison de réussite scolaire, d'activités parascolaires et de potentiel de leadership. Comme nous le disions plus tôt, Franca Gucciardi venait tout juste de quitter son poste de directrice associée de la Fondation canadienne des bourses de mérite à Toronto lorsque Norman Riddell l'a embauchée et lui a confié le mandat d'élaborer le plus important programme de bourses d'excellence dans l'histoire du Canada.

Après quelques essais et erreurs, Franca Gucciardi a mis sur pied un programme d'une rare qualité. Et, à la différence de la majorité des programmes de ce genre, celui de la Fondation ne se basait pas uniquement sur la réussite scolaire pour accorder ses bourses, mais prenait aussi en considération le leadership, l'effort, l'innovation et l'impact sur la communauté. Mille bourses furent d'abord attribuées chaque année. Cent d'entre elles étaient des bourses nationales de 5 000 $, renouvelables à deux fois. Puis, 200 étudiants recevaient une bourse provinciale ou territoriale de 4 000 $, elle aussi renouvelable. Finalement, 700 lauréats se voyaient accorder une bourse, non renouvelable celle-là, de 4 000 $. Chaque récipiendaire d'une bourse nationale ou provinciale était qualifié de « lauréat ».

On fit la promotion de ce programme dans les écoles secondaires partout au pays. Les formulaires de demande étaient passés au crible par des comités locaux constitués de bénévoles qui, tous, avaient reçu une formation préalable de la part du personnel de la Fondation. Par la suite, Franca et son équipe compilaient les listes venues de chacun de ces sous-comités et transmettaient les résultats au conseil pour approbation finale. Enfin, des bénévoles entraient en contact par téléphone avec chacun des lauréats pour lui transmettre la bonne nouvelle. Et l'ensemble de ces opérations, soulignons-le, était dirigé au départ par seulement deux personnes : Franca Gucciardi et un jeune Acadien du Nouveau-Brunswick du nom de Stéphane LeBlanc.

Stéphane s'en souvient très bien : « Je suis arrivé le 1ᵉʳ février 2000. Le programme de bourses d'excellence existait déjà, mais le navire n'avait pas encore été lancé. C'est à nous deux qu'est revenue la tâche fort agréable de casser la bouteille de champagne sur la coque du bateau! Eh oui, nous n'étions que deux! La première année, nous avons fait le tour du pays pour visiter les écoles et faire la promotion du programme auprès des étudiants et des professeurs. Toute une année, ai-je besoin de vous le dire! Nos banques de données contenaient quelque 6 000 écoles secondaires, alors vous imaginez ce que ça peut représenter! Je ne vous dirai pas que nous les avons toutes visitées, mais nous avons fait notre effort de guerre! Et ces visites sur le terrain ont permis au programme de s'implanter très vite partout au pays. Au départ, on se disait que si on recevait 3 000 demandes, ou peut-être même 5 000, ce serait extraordinaire. Eh bien on en a reçu 7 600! Et puis, à la fin, on en recevait environ 11 000 par année. Vous vous rendez compte? »

Pour évaluer ces demandes, l'équipe du programme a eu recours à un large réseau de bénévoles. Mais encore fallait-il les trouver! À la Fondation canadienne des bourses de mérite, Franca avait déjà tissé sa toile, en petite araignée besogneuse qu'elle était, mais elle et Stéphane ont également fait appel à des commissaires d'écoles ainsi qu'à l'Association canadienne des administrateurs d'aide financière, avec qui la Fondation avait déjà établi un partenariat solide. Ils ont écrit à plusieurs organisations : Centraide, 4-H Canada, Scouts Canada. C'est comme ça qu'ils ont bâti un réseau de 125 bénévoles, qui ont travaillé au sein de 21 comités à travers le pays, avec un administrateur à la tête de chacun. Au moment de cesser ses activités, la Fondation œuvrait avec pas moins de 250 bénévoles au sein de 39 comités. Chaque demande était étudiée par au moins deux personnes différentes, et les dossiers retenus étaient en tout lus par sept ou huit personnes.

Un de ces « scrutateurs de demandes », Peter Wong, vice-président de la firme d'investissement Raymond James Ltd. de Vancouver, nous fait part de son enthousiasme : « Quand vous étudiez ces demandes, vous ne pouvez qu'être ébloui par la qualité de ces étudiants, par leurs réalisations et leur envergure. C'est une bien belle leçon d'humilité! Voir des étudiants aussi jeunes, aussi dynamiques, ouverts sur le monde et sans œillères, cela vous redonne confiance en l'avenir et vous redit aussi que vous n'êtes peut-être pas allé au bout de vos propres rêves! » Les personnes chargées de l'analyse des dossiers étudiaient les demandes de décembre à mars ou avril et consacraient tous environ 50 heures à la tâche. À vous de calculer la valeur de ce travail et, par le fait même, de la somme d'argent ainsi économisée par la Fondation! Quelque 250 personnes qui donnent chacun 50 heures de travail bénévole, cela permet d'accorder au bout du compte environ 3 000 bourses de plus de 4 000 $ chacune. On peut appeler cela le système des vases communicants! »

« Comme tous les administrateurs, j'ai eu ma formation à Montréal, ce qui m'a permis de faire la connaissance de Mélissa et de Stéphane et de mieux comprendre le travail de toute l'équipe. Puis, ce qui n'est pas à négliger, ces séances de formation ont été pour moi et ma femme l'occasion de mieux connaître cette ville fabuleuse qu'est Montréal. Fichue de belle récompense! Mais vous avez droit à une autre formidable récompense lorsque vous appelez ces étudiants exceptionnels pour leur dire qu'on vient de leur accorder une bourse. Quand un boursier fond en larmes au bout du fil, difficile de ne pas être ému à son tour. Des moments comme ceux-là me donnent la certitude qu'en fait, j'ai reçu beaucoup plus de cette expérience que les quelques heures que j'ai pu donner. »

Au fil des ans, certains scrutateurs, comme Wayne Ludlow de Terre-Neuve, la Québécoise Sylvie Rossignol, les Torontois Simon Cheng et Harold Lass, sont devenus des personnages quasi légendaires au sein de la Fondation.

Stéphane LeBlanc insiste là-dessus : « Tous ces bénévoles et tous ces administrateurs se sont donnés sans compter et ont fait montre d'un dévouement de chaque instant. Il faudrait les nommer tous et rendre hommage à chacun d'eux. Je ne vous conterai que l'histoire de Marie Verdun, une administratrice venue du sud-ouest de l'Ontario. Elle a accepté notre invitation en nous informant qu'elle était enceinte de jumeaux et qu'elle donnerait naissance à ses enfants au moment où ce serait le temps d'interviewer les candidats. Je lui ai écrit pour la féliciter et lui dire de m'envoyer les dossiers, que j'allais finir le job à sa place. Mais il n'en était pas question! Elle n'allait pas abandonner sa tâche si près du but! Elle tenait absolument à parler elle-même aux récipiendaires, à s'assurer que nous avions fait les bons choix. Un tel dévouement me scie les deux jambes! »

Comme le disait si bien un évaluateur, le niveau exceptionnel des lauréats, la qualité de leur démarche et de leur parcours, l'exemple de persévérance et d'ardeur au travail qu'ils projettent à la face du monde, tout cela constitue le meilleur antidote possible au cynisme et à la tendance à se réfugier dans le confort et l'indifférence.

LE PROGRAMME initial de bourses d'excellence s'adressait essentiellement à ceux qui entraient à l'université ou au cégep, ce qui est le cas de la vaste majorité des programmes de bourses d'excellence au Canada. Comme le souligne Melissa, « il est très vite apparu que beaucoup trop d'étudiants passaient à travers les mailles du filet et qu'il fallait les rejoindre autrement. C'est ainsi que j'ai mis sur pied avec mes collègues le programme de bourses nationales en cours d'études, pour les étudiants qui, à mi-chemin de leurs études collégiales ou universitaires n'avaient jamais encore obtenu de bourses de mérite. Il s'agissait dans la majorité des cas d'étudiants qui n'avaient peut-être pas 90 % de moyenne générale au secondaire et ne rencontraient peut-être pas tous les critères qui leur auraient permis d'obtenir une bourse d'entrée (la bourse d'excellence initiale) de la Fondation, mais qui avaient persévéré et méritaient amplement d'être soutenus. »

« Ces bourses en cours d'études, comme l'indique Mélissa Moi, nous ont permis de rejoindre davantage d'étudiants adultes qui avaient décidé de revenir aux études sur le tard. Il y a un cliché de l'étudiant de 17 ans branché sur son iPod. Mais tous n'ont pas ce profil. Certains sont des grands-parents qui réalisent un rêve de jeunesse en retournant sur les bancs d'école, d'autres sont des immigrants, des gens de communautés reculées, venus de tous les coins du pays. La fourchette de gens qui veulent apprendre est très large. »

Il y avait autant de bourses en cours d'études que de bourses d'entrée (environ 1 000), et Mélissa avait à traiter avec les mêmes problèmes administratifs : évaluations, renouvellements, bases de données, et tout le tralala. « Nous essayions dans la mesure du possible d'avoir un contact personnel avec les étudiants qui demandaient des bourses, rappelle Mélissa. C'était là l'aspect du travail que je préférais. Ce que nous souhaitions à la Fondation, c'était que ces étudiants atteignent leur but. Nous étions là pour les soutenir, les encourager dans les moments difficiles. Les boursiers sont des êtres humains, et l'humain ne

saurait être réduit à un dossier, un numéro matricule, un formulaire. Ainsi, j'aurai eu la possibilité, au cours de toutes ces années,
de parler à un grand nombre d'entre eux. Ils me parlaient de leur
vie, de leurs problèmes de santé, de leurs problèmes à l'école ou
dans leur famille. Ils subissaient beaucoup de pression, étaient
parfois au bord du *burn-out,* se sentaient vulnérables et éprouvaient le besoin de parler, de se confier. On ne croirait pas que
cela puisse faire partie du travail quotidien des employés de la
Fondation, mais il est arrivé que je reçoive régulièrement l'appel
d'un étudiant, pour qui j'étais presque devenu une mère! Quand
j'ai fini par le rencontrer, il a été étonné de voir que je n'avais pas
même 30 ans! »

Certains s'étonneront de constater que les employés de la
Fondation ont pu nouer des liens aussi forts avec les boursiers,
car ces relations ne sont généralement ni encouragées ni mises
en valeur dans notre système d'éducation. Mais, à la Fondation,
c'était tout le contraire! On a toujours pensé que notre avenir
collectif était entre leurs mains. Et il ne faut pas oublier le fait
que le tiers de nos bourses étaient renouvelables; nous adoptions
pour ainsi dire les candidats par conséquent, et prenions à cœur
leur réussite.

Andrew Woodall insiste là-dessus : « À la Fondation nous
avons toujours été conscients que l'avenir des jeunes était en
partie entre nos mains, que nos décisions pouvaient avoir
d'immenses répercussions. On ne doit pas prendre ça à la légère!
Nous avons toujours tenté d'être à la fois rationnels, d'obéir à des
règles et à des critères très précis tout en restant attentifs à l'être
humain. Au moment de prendre une décision, nous pensions à la
fois à ce qui pouvait être un choix heureux pour la Fondation et
à ce qui pouvait aider l'étudiant. Quand on se retrouve face à des
êtres humains, rien n'est jamais tout noir ou tout blanc. Bien sûr

que l'on a tenu compte de la situation financière de ces étudiants et boursiers potentiels, mais plusieurs autres facteurs pouvaient aussi entrer en ligne de compte. »

Annie Szulzyngier, une collaboratrice de Mélissa Moi, a la ferme conviction que les programmes de bourses de la Fondation « ont permis de revoir ces fameux critères de mérite qu'on appliquait aveuglément dans trop d'établissements d'enseignement, où le mérite était lié aux résultats scolaires, un point c'est tout. Pourtant, on sait tous que les résultats ne disent pas tout d'un étudiant. Certains candidats peuvent avoir des résultats exceptionnels parce qu'ils travaillent fort ou parce qu'ils sont doués... alors qu'ils ne foutent rien! Est-ce qu'on doit miser sur ces candidats ou plutôt encourager l'effort et la persévérance? Bien des institutions ont revu leur manière de juger le succès de leurs étudiants et se sont mis à prendre en compte d'autres aspects comme le leadership, la force de caractère, l'innovation et même le sens civique. Un excellent candidat n'est pas forcément un premier de classe! Nous avons défendu cette idée à la Fondation, et je me réjouis de voir qu'elle gagne du terrain! »

CHAD LUBELSKY a une formule éloquente pour parler du programme des bourses d'excellence : « Une bourse, c'est plus qu'un chèque! Cette conviction m'anime depuis le tout début. Moi, je travaillais sur le "plus" : les programmes de développement personnel pour les boursiers. La bourse d'excellence était là pour reconnaître, encourager et soutenir la démarche d'étudiants exceptionnels. Il y a une part de soutien financier, bien sûr, mais tout ne s'arrête pas là. »

« Moi, j'avais la charge de la partie amusante de l'initiative, je m'occupais des programmes connexes : deux conférences *Repensez-y* nationales annuelles, six conférences régionales, une communauté Internet appelée *LauréatEspace,* de même que la supervision de 25 sections locales réunissant les boursiers de divers établissements d'enseignement, deux réunions de leurs coordonnateurs, sans parler de l'administration d'un programme de subventions du millénaire, qui offrait des bourses de 2 500 dollars aux lauréats pour réaliser certains projets spécifiques pendant l'été, en collaboration avec des organisations non gouvernementales et le réseau national des anciens boursiers. »

Un électron libre que ce Chad Lubelsky, animé d'une conscience sociale hors du commun et toujours prêt à s'engager sur le terrain. Pas étonnant qu'il ait été très vite associé aux conférences annuelles *Repensez-y.* Qu'était donc *Repensez-y?* Un rassemblement unique de jeunes, qui soutenait et encourageait les lauréats dans leur engagement civique et leur leadership créatif. Les conférences annuelles *Repensez-y* offraient aux lauréats la possibilité d'examiner des questions sous un angle différent. Elles les encourageaient à rejeter les idées reçues, à en générer de nouvelles et à tisser des liens afin de favoriser le changement social. Ces rencontres ont été créées pour aider les jeunes à poursuivre leur démarche de citoyens engagés, de leaders et de pionniers. Elles constituaient pour les boursiers autant d'occasions de rencontrer d'autres lauréats provenant de tous les coins du pays, de confronter des idées et de glaner des informations sur plusieurs sujets d'actualité. Grâce aux échanges avec d'autres lauréats et aux idées exposées par les conféren- ciers venus de divers horizons, les boursiers pouvaient jeter un regard neuf sur le monde et repenser le rôle qu'ils désiraient y tenir.

Au fil des ans, les participants ont maintes fois témoigné de ce qu'ils appréciaient de *Repensez-y* : la possibilité de faire une pause dans leurs études, de réfléchir, de participer à des discussions stimulantes ou simplement de recueillir de l'information. En réunissant des gens de régions, d'âges, d'intérêts et d'horizons divers, *Repensez-y* est devenu un véritable laboratoire servant à explorer des nouvelles idées sur le changement social.

« De plus en plus, déclare un participant, je réalise qu'il faut être de ceux qui osent rêver. La conférence de cette année m'a donné la chance de rencontrer des dizaines de personnes qui, tout en étant très différentes, me ressemblent. C'est peut-être illusoire de croire que nous pouvons changer le monde, mais si ce rêve parvient à nous unir et à nous permettre de travailler ensemble, nous aurons la force de déplacer les montagnes. » « Et, se souvient un autre, cette fin de semaine m'a permis de me ressourcer et de sortir de mon environnement habituel de sciences et d'ingénierie. Le groupe dégageait une énergie incroyable! Je veux aussi souligner que l'attention portée au bilinguisme a été très appréciée. »

Le manifeste de *Repensez-y* était stimulant en diable!

> *Perturbations cérébrales assurées! Repense-y.* Vois grand, garde l'esprit ouvert et imagine toutes les possibilités. Sois prêt à changer au-delà de ce que tu aurais pu concevoir.

> *Sois glouton.* Si tu regardes ailleurs, tu risques de tout rater. Sois présent, vis le moment présent et dévore tout.

> *Crée des liens.* Profite de ce super réseau. Trouve des terrains d'entente, crée des amitiés et rapporte des idées dans tes bagages.

> *Joue en équipe.* Travaille avec les autres, partage tes idées et apprends des autres; vous êtes parmi les meilleurs leaders du pays. Ne passe pas à côté de ceux que tu aurais habituellement ignorés et laisse-toi surprendre par eux. Complote pour qu'ensemble, on change le monde.

> *Fais-toi entendre.* Dis ce que tu penses. Sois d'accord, sois en

désaccord et pose des questions absurdes. Donne libre cours à ta curiosité.

> *Mets-toi à la place des autres.* Écoute attentivement et cherche à comprendre. Explore ce que tu ne connais pas. Passe de l'écoute à la compréhension.

> *20 000 lieues sous les mers.* Va au-delà de la rhétorique et atteins la substantifique moelle. Capture les idées et leur signification. Sois plein d'audace et prends des risques.

> *C'est à ton tour.* C'est ta conférence. Saisis les occasions.

> *Faut rigoler.* La vie est assez sérieuse, merci. Ris pour vrai. Trouve l'humour. C'est essentiel pour trouver la bonne perspective.

> *Il est temps de célébrer.* Reconnais tes efforts et ceux des autres. Bâtis à partir de tes succès et valorise tes erreurs. Chaque pas compte, avance dans la vie en dansant.

À titre d'agent de développement, Chad Lubelsky est probablement l'employé de la Fondation qui aura eu les liens les plus étroits avec les boursiers. Véritable courroie de transmission entre les étudiants et la Fondation, il aura toujours été convaincu que, si la Fondation a pu transformer la vie des étudiants, ceux-ci auront également transformé le visage de la Fondation.

Chad est rien moins qu'une légende vivante :

Il a l'aura d'une rock star!

Il est tellement humain et tellement dévoué.

Chad est une figure culte dans le milieu.

C'est un joyeux bougre! Toujours de bonne humeur! On se sent tout de suite bien avec lui.

Lors de chacune de ces conférences, créées entre autres afin de contrer les préjugés au sujet des différents groupes linguistiques et culturels, le nom de Chad Lubelsky est sur toutes les lèvres : « Ah! Chad... »

« Mon travail à la Fondation a constitué une expérience vraiment formidable! Dans la vie, on rencontre trop rarement des gens aussi dynamiques et prêts, comme l'étaient ces étudiants, à s'engager à fond. Pas de place ici pour le cynisme et l'à quoi bon! Comme ça fait du bien! Cela permet d'accomplir l'impossible! »

La création d'un réseau pancanadien de jeunes qui sont autant de bâtisseurs de notre avenir, voilà un des buts et une des réussites du programme de bourses d'excellence. « Je le redis, déclare Norman Riddell, le changement est ce qui nous importait avant tout à la Fondation : le changement, l'élargissement des horizons, l'abolition des cadres, des barrières et des préjugés. Il se trouvera toujours des gens pour résister et craindre le changement, tant pis pour eux! Nous, nous avons vraiment fait tout ce que nous pouvions pour favoriser l'échange et le dépassement des frontières. »

Et les conférences annuelles *Repensez-y*—comme les six conférences régionales qui ont été instaurées plus tard—allaient tout à fait dans cette direction. Mises sur pied en 2000, tenues à Ottawa et à Toronto, ces rencontres furent chaque fois de formidables foyers d'idées et de réflexion. Le site Internet de *Think again/Repensez-y* contenait des bilans et toute une série de témoignages éloquents. Bien sûr, il ne saurait être question de faire le compte rendu de chacun de ces rassemblements de têtes chercheuses, mais ne retenons que quelques exemples, à commencer par l'édition de 2003. D'une présentation de l'astronaute Marc Garneau à une allocution de clôture de Joanna Kerr, directrice générale de l'Association pour les droits de la femme et le développement, en passant par un entretien avec la vice-secrétaire générale des Nations Unies, Louise Fréchette, la conférence

Repensez-y de 2003 a réuni des personnalités canadiennes qui toutes incarnaient l'excellence et le sens de l'initiative.

Comme au cours des trois premières conférences annuelles, les lauréats nationaux étaient conviés cette année-là à des séances plénières et à des réunions en petits groupes, qui s'articulaient autour du grand thème de « L'intervalle ». Ces groupes abordaient les sujets les plus divers : politiques internationales, multiculturalisme, société de consommation, nanosciences. Le spectacle du vendredi soir, au Musée canadien des civilisations, était lui aussi très diversifié et réunissait à la fois des chanteurs de gorge inuits et des danseurs de hip-hop. Le repas d'adieu était accompagné de chansons et de sketches, fruits des ateliers de création et interprétés par les lauréats eux-mêmes.

En janvier 2004, plus de 75 récipiendaires de la bourse en cours d'études sont invités à repenser au changement social. Ils sont pour ce faire réunis à Toronto au cours de la dernière fin de semaine de janvier pour participer à un atelier *Repensez-y,* organisé spécialement à leur intention. À cette occasion, ils ont pu rencontrer d'autres lauréats et réfléchir au processus de création du changement social. George Roter, le conférencier principal, a donné le ton à l'événement en parlant du rôle qu'il a joué comme cofondateur d'Ingénieurs sans frontières en 2000, alors qu'il venait juste de terminer ses études. Son récit de l'évolution de cet organisme novateur, des premiers balbutiements jusqu'à la mise en place d'une structure pleinement fonctionnelle, semble avoir profondément inspiré les étudiants.

Toujours sur le thème du changement social, les étudiants ont été invités par la suite à former de petits groupes pour discuter des tactiques des entrepreneurs de projets sociaux pour transformer les idées en réalité et en assurer la viabilité à long terme. En après-midi, Bruce Kirkby, photographe réputé et grand voyageur, a abordé le sujet de l'aventure, réalité que l'on peut rencontrer, comme il le dit si bien, « chaque fois que l'on entreprend un voyage dont l'issue est incertaine. » Les lauréats ont ensuite participé à des ateliers avec trois militants d'envergure : Laure Waridel, Peter Robinson ou Cathy Crowe. Les étudiants y ont parlé des moyens de faire bouger les choses et d'inspirer les gens qui les entourent. Il a aussi été question d'éthique et d'idéaux.

En janvier 2005, la neige s'abattait sur la Ville-Reine lorsqu'une centaine d'étudiants de collèges et d'universités de tout le Canada se sont rencontrés. Une heure plus tard, ils formaient déjà une communauté, aplanissant du coup les différences linguistiques et régionales du « spectre canadien », pour reprendre la formule de Jo-Anna Gorton, une étudiante de l'Université de la Colombie-Britannique. « C'était bon... et intense! Nous sommes venus ici pour changer le monde. Après avoir côtoyé tous ces lauréats, je suis repartie pleine d'énergie, confiante et la tête remplie d'idées. »

L'activité du vendredi soir n'était qu'un préparatif pour la conférence du lendemain à l'Université de Toronto. La Fondation avait invité pour l'occasion 100 lauréats de la bourse en cours d'études à écouter des militants leur expliquer comment s'y prendre pour changer la société. Le thème de la conférence : « Entre une étincelle et un brasier ». « Quand j'ai pris connaissance du programme de la conférence, je m'y suis tout de suite reconnu, affirmait Ernesto Caceres, un étudiant de l'Université Carleton qui travaillait à la promotion des droits de la personne au Canada et en Tanzanie. Malgré qu'il étudiait à l'époque à Dar es Salaam, en Tanzanie, il avait aménagé son horaire pour assister à la conférence. Le terme "changement social" m'a tout de suite accroché. »

Le changement social était effectivement au cœur de la conférence, comme le démontrait bien l'enthousiaste discours inaugural de John Fisher sur l'extension des droits de la personne au Canada. Fondateur et directeur général d'Égale Canada, un organisme voué à la promotion de l'égalité des lesbiennes et des gais au sein de la société canadienne, Fisher a relaté son long combat avant de terminer en abordant la question de l'union des conjoints de même sexe. Il a aussi partagé une sagesse durement acquise avec des militants de tous les horizons en insistant entre autres sur l'importance de savoir dire non et d'avoir une vision. En réponse à un lauréat qui lui demandait quand il s'était rendu compte qu'il était sur la bonne voie et que sa croisade était autre chose qu'un « trip d'ego », il a fait allusion à la fois où, prenant la parole devant une foule hostile, il avait plaidé sa propre cause pour ensuite recevoir les félicitations de parfaits inconnus. Il a alors su qu'il avait posé un geste important.

Plusieurs militants en faveur de changements sociaux se méfient du « système ». Donna Morton, la directrice générale du Centre for Integral Economics de Victoria, a raconté au cours de son atelier comment elle avait cessé de combattre le système. Elle s'efforce désormais de l'utiliser pour faire progresser ce qui lui tient à cœur. L'ex-militante de Greenpeace passe maintenant beaucoup de temps à discuter avec des gens d'affaires. Il faut toutefois, selon elle, faire preuve de discernement. « Les militants se coupent souvent des ponts. J'ai participé à des réunions où j'étais entourée de gens que je détestais. La haine n'avance à rien. Aujourd'hui, j'essaie de voir ce que je peux faire en rejoignant les préoccupations des gens d'affaires. » Si les lauréats s'exprimaient sur des sujets variés (pauvreté, éducation, communautés rurales, questions internationales, problèmes de développement), tous voulaient connaître la recette de Donna

Morton en matière de financement d'organisation. Son conseil :
« Servez-vous de l'entrepreneuriat social pour financer votre travail. Ne vous fiez pas seulement aux campagnes de financement
traditionnelles et aux dons des fondations. Utilisez l'argent de
vos contrats pour faire ce que vous voulez. »

Prenant la parole lors du dîner de clôture, James Fraser,
directeur général de Dignitas International, un organisme qui
fournit des traitements, des soins et du soutien aux personnes
atteintes du HIV/SIDA en Afrique orientale, a décrit comment un
groupe restreint d'individus a réalisé d'importants changements
dans une situation difficile. Il a souligné que son organisme avait
connu un progrès significatif en à peine deux ans. En terminant,
il a ajouté que la situation était pour le moins difficile, mais que
rien n'était désespéré et qu'il y avait encore de l'espoir.

Les lauréats sont retournés chez eux gonflés à bloc et convaincus qu'ensemble, ils pouvaient faire de grandes choses.
Ginnie-Lu Masterson, du Collège communautaire de la Nouvelle-
Écosse, s'est dite inspirée. « Les ateliers ont été sensationnels »,
affirmait-elle. Mike Kozlowski s'estimait pour sa part privilé-
gié d'avoir pu participer à la conférence. « On retire autant des
ateliers que des contacts avec tous ceux qui partagent la même
philosophie. Et personne n'a la grosse tête : tout le monde laisse
son ego à la porte. » Et aux yeux de Caroline Grégoire, une étudiante de médecine de l'Université de Montréal, « la conférence
apporte une plus value à la bourse. On peut y partager des idées,
tisser des liens et, éventuellement, se regrouper sur différents
projets. »

Innombrables sont les témoignages des lauréats qui ont participé à l'une ou l'autre de ces rencontres annuelles *Repensez-y*.
On les trouve entre autres sur le site LauréatEspace, « un lieu
pour faire part de vos actions, approfondir votre engagement

et vous permettre d'échanger des expériences, des idées avec d'autres lauréats ».

IL N'EST PAS nécessaire d'être devin pour observer que la frontière a souvent été mince entre les lauréats des bourses d'excellence et les responsables du programme! Ils étaient faits de la même étoffe! Si les programmes avaient existé à l'époque où les employés de la Fondation étaient étudiants, Melissa Moi et les membres de son équipe auraient sans doute été boursiers.

En fait, plusieurs membres de l'équipe de la Fondation étaient eux-mêmes étudiants et pouvaient, par le fait même, profiter d'un programme de soutien aux employés. « La Fondation était un organisme voué à l'éducation, réitère Norman Riddell, et une des choses qu'il nous fallait apprendre, c'était à faire les choses autrement! Quiconque était à l'emploi de la Fondation pouvait poursuivre des études et était encouragé à le faire. Nous étions prêts à leur verser d'importantes sommes d'argent pour qu'ils obtiennent un diplôme. En fait, nous encouragions tout... sauf l'échec! »

Melissa Moi a, par exemple, complété une maîtrise à l'Université Concordia tout en travaillant à temps plein. Elle savait pertinemment que la Fondation allait la soutenir dans son projet de faire des études supérieures, mais elle tenait à continuer à travailler en même temps « pour redonner à la Fondation un peu de ce qu'elle m'avait donné. Et puis on apprend très vite qu'il faut mettre la théorie en pratique, n'est-ce pas? C'est comme ça que j'ai pu mettre en application au jour le jour ce que j'apprenais en classe. »

Pour les mêmes raisons, Chad Lubelsky s'est inscrit à l'Université Royal Roads de Victoria : « L'éducation représente une valeur fondamentale à mes yeux. L'instinct, c'est bien beau, on peut se consacrer à un travail et le faire très bien en obéissant seulement à son instinct, mais vient un temps où il faut, me semble-t-il, se donner d'autres outils et des appuis théoriques. »

D'autres membres de l'équipe ont aussi poursuivi leurs études, en informatique, en langues ou en journalisme. Mais il ne faut pas perdre de vue que l'apprentissage peut aussi se faire sur le lieu de travail. C'est ainsi que Melissa Moi, Annie Szulzyngier et Stéphane LeBlanc se sont lancé dans une vaste étude sur les bourses d'excellence au Canada, un projet né de leurs observations quotidiennes et du désir qu'ils avaient tous trois d'aller au-delà de leur expérience à la Fondation pour élargir leur perspective et dessiner un portrait plus global.

Et puis Melissa a été l'une des instigatrices du projet d'informatisation des formulaires de demandes de bourses et de renouvellement. « Nous sommes au 21e siècle, tout se passe par Internet, des sites pornos à la spiritualité! Et tous les étudiants s'attendent à pouvoir présenter leurs demandes de bourse électroniquement. » Melissa a bien vu qu'il y avait là une faille, elle en a parlé à ses collègues, a fait appel à une firme conseil et le projet a pris forme. Grâce à elle, la Fondation est devenue un chef de file en ce domaine.

LA CONCLUSION revient à Franca Gucciardi, qui est désormais directrice générale de la Fondation canadienne des bourses de mérite : « Dans un monde idéal, les bourses d'excellence ne devraient pas se limiter à encourager les lauréats à poursuivre ce qu'ils font déjà très bien, mais elles devraient les soutenir dans leur projet de vie, les amener à aller au bout de leur potentiel. Un pays comme le nôtre doit investir dans son avenir et dans ses forces vives. La pensée magique n'a jamais permis de créer grand-chose! Quel que soit le domaine, sciences, culture, sport, pour arriver à des résultats, il faut développer le plein potentiel des chercheurs, des artistes, des athlètes. Nous ne devons jamais perdre de vue que le talent doit être nourri, encouragé, et qu'un bon terreau ne suffit pas, il faut lui donner les conditions idéales pour que la plante pousse, fleurisse et donne des fruits. Il y a des gens qui me disent : ces jeunes sont brillants, ils peuvent très bien se débrouiller tout seuls! Justement, je ne veux pas qu'ils aient à se *débrouiller,* je veux qu'ils s'épanouissent pleinement et qu'ils bénéficient pour cela de tout ce qui leur permettra d'ouvrir leurs ailes et de construire le Canada de demain. »

› Un orphelinat au Népal

. . . .

LE VOYAGE de Colin MacDonald à Katmandou a commencé par une conversation au petit-déjeuner à Montréal. Son amie Mishuka Adikary lui apprend alors qu'elle a décidé d'être coopérante volontaire au Népal en passant par l'organisme Volunteer Abroad. Colin n'aurait même pas été en mesure de situer le Népal sur une carte géographique, mais l'idée le titillait déjà!

Mishuka—Mish pour les intimes!—savait très bien pour sa part où était le Népal. Née au Bengladesh, elle avait grandi à Taiwan et à Toronto. Inscrite en propédeutique de médecine, elle parlait couramment anglais, bengali et mandarin. Ses intérêts étaient multiples : « le dessin, la danse et toujours apprendre de nouvelles choses (je rêve de piloter mon avion personnel!), l'aide à la communauté, le Air Hockey, le cinéma, les enfants qui rient et regarder le football à la télé ». Elle espère un jour joindre Médecins sans frontières, mais Mish souhaite pour l'instant venir en aide aux enfants en Asie. Déjà boursière, elle est admissible au programme de subventions du millénaire et peut ainsi espérer travailler pour une organisation canadienne à but non lucratif. C'est ainsi qu'elle entre en contact avec Volunteer Abroad. Un travail d'été quelque part outremer est peut-être envisageable? En Asie? Et, qui sait, peut-être même au Népal?

Colin, lui, vient de Charlottetown, Île-du-Prince-Édouard. Adolescent, il faisait déjà du bénévolat dans un hôpital, dans un organisme humanitaire, chez les Grands Frères et Grandes Sœurs, et dirigeait une jeune troupe de théâtre! Il avait joint les rangs de Jeunes Entreprises, cette organisation internationale sans but lucratif dont la mission est la sensibilisation et la formation des jeunes à l'économie et aux affaires, et avait animé des ateliers et développé des projets de marketing avec Advancing Canadian Entrepreneurship Inc. Après avoir lui-même fait un stage d'immersion française, il a travaillé auprès de Canadian Parents for French, ce réseau national de bénévoles qui estime que la langue française est importante au Canada et oeuvre à la promotion du français auprès des jeunes Canadiens. Il avait de plus été moniteur de français dans un camp d'été. Tout un phénomène que ce garçon!

Ses amis en étaient même venus à croire que Colin était un peu fêlé du chaudron! Et ses parents commençaient à penser qu'il en faisait un peu trop. C'est bien beau et noble le bénévolat, mais tout de même! Il se souvient que, lorsqu'il a reçu un appel de la Fondation canadienne des bourses du millénaire, il n'arrivait pas à le croire. « J'étais tout seul à la maison et je me suis mis à pleurer. Et puis j'ai appelé tous mes amis qui, je le savais, se réjouiraient avec moi, parce que c'était le plus beau cadeau que j'aurais jamais pu espérer : être reconnu pour mon travail dans la communauté. »

Pas étonnant que nos deux amis, Colin et Mish, soient devenus coordonnateurs de section locale pour la Fondation, qu'ils aient organisé des rencontres pour les lauréats dans leurs régions respectives et aient participé aux conférences nationales et aux ateliers de *Repensez-y*. En janvier 2007, ils assistaient donc tous les deux à une réunion de coordonnateurs à Montréal. Au petit-déjeuner, Mish parle de son projet de voyage à son amie Natalie Poole, de la Saskatchewan. Natalie décide tout de go qu'elle veut faire partie du voyage, de même que quatre autres étudiants autour de la table, dont Colin MacDonald.

Puis le petit groupe s'élargit et ce sont finalement onze étudiants de diverses régions du pays qui décident de partir pour le Népal. Mish crée une page Facebook et invite tout le monde à participer à la préparation du voyage. Quand ils entrent en contact avec Volunteer Abroad, l'organisme essaie de voir si un projet peut les accueillir tous les onze. Et c'est ainsi que l'école Grace Home/St. Grace est choisie. Cet organisme à but non lucratif de Katmandou s'emploie à fournir un toit et de l'éducation à des orphelins ou des jeunes dans le besoin. Le Grace Home accueille également des personnes âgées invalides ou indigentes, qui peuvent aider au soin des enfants en échange du logis et de la nourriture.

Mais que sont donc allés faire ces onze étudiants dans cette galère? Pendant cinq semaines en plus! Eh bien, beaucoup de choses!

Colin explique : « C'était un orphelinat et une école qui recevait environ 14 enfants, mais que fréquentaient aussi entre six et dix autres enfants issus de familles à faibles revenus qui assistaient seulement à l'école. » Colin, qui est aujourd'hui inscrit à l'Université Mount St. Vincent d'Halifax, précise que cette école « se résumait à quatre murs de briques et un toit à moitié effondré. Le sol était couvert de carreaux cassés. Une école de brousse, vraiment! On a commencé par faire le ménage et repeindre les murs; on a construit une classe, avec un toit cette fois, pour que les enfants puissent faire la distinction entre la vie à la maison et à l'école. Mais, au début, on n'avait pas le choix, on enseignait aux enfants dans leurs lits! Ils n'avaient aucun autre endroit où s'asseoir. »

C'est ainsi que nos onze étudiants ont participé à la reconstruction de l'endroit et à l'aménagement des chambres. Comme l'eau était impropre à la consommation, le Grace Home n'avait d'autre choix que d'acheter de l'eau à prix fort. Les étudiants ont passé le chapeau, ont ramassé un peu d'argent et érigé un petit réservoir doté d'un système de filtration d'eau. Ils ont installé un système de compostage et commencé à cultiver un petit jardin écologique dans la cour de l'école.

Les artisans du pays n'ont pas l'habitude de travailler durant la saison des pluies, mais n'étant là que pour quelques semaines, nos jeunes ont étendu des bâches au-dessus de leurs ateliers et ont continué à travailler dans des conditions à peu près potables, ce qui n'a pas manqué d'avoir un impact sur les conditions de vie des gens du village. « Avant le projet, dit Mish, les gens de la région ne s'intéressaient pas beaucoup à l'orphelinat, mais après nous avoir vu braver la pluie pour aider tous ces enfants, ils se sont rendus compte de l'importance de ce centre dans leur communauté. »

Colin ajoute : « L'enseignement m'intéressait, c'est vrai, mais je n'étais pas sûr que c'était pour moi. Mais pendant mon séjour là-bas, j'enseignais tous les matins et non seulement ai-je vu que j'en étais capable, mais j'ai aussi constaté que j'y prenais grand plaisir. J'ai fait du théâtre après tout! J'apprenais l'anglais aux enfants en leur faisant un show! Nous procédions à des examens médicaux, nous nous occupions de nutrition, de santé et d'hygiène élémentaire : apprendre à laver ses mains, à brosser ses dents, des choses aussi simples que ça! » Ils ont aussi mis à contribution quelques médecins du coin et commencé à établir un système de dossiers médicaux et dentaires.

Ce groupe rassemblait les 11 premiers boursiers qui utilisaient leurs subventions du millénaire pour réaliser un projet outremer. L'année suivante, un deuxième groupe de boursiers d'excellence a poursuivi le travail au Grace Home. Et depuis, des récipiendaires ont travaillé au Nicaragua, au Sénégal, au Bénin, au Salvador, au Pérou, en Équateur, au Kenya, au Libéria. au Sri Lanka et dans toutes les régions du Canada.

Lorsqu'il repense à son expérience au Népal, Colin MacDonald croit que les enfants ont tiré profit de ce projet, mais, dit-il, « le bénéfice que moi j'en ai tiré est encore plus grand! Et il ne se passe pas de jour sans que je pense à cette école, à ces petits et à ce pays étonnant. »

> *cinq*

L'IMPORTANCE DE L'ACCÈS

. . . .

« LA RECHERCHE ne faisait pas partie du mandat initial de la Fondation », marmonne Andrew Parkin en mangeant un club sandwich dans son bureau. Encore heureux d'ailleurs que je sois parvenu à l'accrocher au moins quelques minutes! Car à titre de directeur exécutif associé de la Fondation, le commandant en chef adjoint de Norman Riddell a un agenda de chef d'État et dirige une équipe de huit chercheurs. Grand, élégant, cheveux roux, il se sent comme un poisson dans l'eau dans ce milieu, et les arcanes des sciences sociales n'ont absolument aucun secret pour lui! Aussi est-il en mesure d'expliquer clairement comment la Fondation en est venue à développer des activités de recherche, comment cela lui semblait directement lié à la mission de l'organisation et comment il a pu contribuer à leur essor.

Tout a commencé par une étude sur l'aide financière aux étudiants au Canada. Que savions-nous jusqu'alors sur le sujet? Bien peu de choses. « D'abord, il nous a fallu prendre connaissance du

paysage, dessiner un état des lieux. » Et Andrew Parkin d'ajouter :
« Qui étaient les étudiants? Quel était leur profil? Quels étaient
les obstacles auxquels ils faisaient face? Quelles sommes
déboursaient-ils pour compléter leurs études? Quels budgets les
gouvernements consacraient-ils à l'aide financière aux études? »

Des informations élémentaires et connues de tous? Eh bien
non, étrangement!

« Le Programme canadien de prêts aux étudiants (PCPE)
publie chaque année un rapport annuel nous permettant de savoir
combien de prêts ont été consentis et le total des prêts contractés
par les étudiants. Après tout, c'est bon à savoir! Vous regardez
les chiffres et vous concluez que ces sommes sont étonnamment
basses. Mais c'est que le PCPE ne représente que 60 % des prêts
versés aux étudiants, l'autre 40 % provenant des provinces. Et
aucune information officielle n'est disponible quant aux diverses
autres sources de prêts auxquelles les étudiants ont recours. »

Alex Usher renchérit : « Notre premier projet de recherche
visait à remplir les cases vides, à recueillir des informations
jusque-là inexistantes, mais il s'est vite avéré que cette meilleure
connaissance du terrain allait modifier les objectifs même de la
Fondation. Nous ne nous rendions pas compte à quel point les
étudiants faisaient face à des obstacles de taille! Et pas seulement financiers! Nos gouvernements dépensent beaucoup
d'argent pour venir en aide aux étudiants, mais ces sommes
ne sont pas toutes versées au bon endroit et de la bonne façon.
Par la suite, nous avons scruté d'autres aspects à la loupe : nous
avons procédé à une évaluation en bonne et due forme de nos
propres programmes afin de nous assurer de leur efficacité et
de l'atteinte de nos objectifs; puis, nous avons réalisé des projets
pilotes pour tester différentes avenues possibles et aller toujours
davantage dans le sens d'une plus grande accessibilité. »

Ah, je crois qu'on entend encore des voix…

Andrew Parkin est un universitaire brillant.

Andrew Parkin est un génie.

Il dirige un programme d'une grande efficacité. Tous les projets de recherche sont reliés les uns aux autres. Et ils tous sont menés par Andrew et son équipe.

C'est un homme extrêmement méthodique, moi, je dois dire que ça me renverse.

On ne se doute pas à quel point l'équité et la justice sociale lui importent. Il est très préoccupé par le sort des laissés pour compte.

Ça rend toujours Andrew furax quand il apprend que le gouvernement met la hache dans un programme qui fonctionne!

LA FONDATION a été créée à la fin d'une décennie au cours de laquelle la dette étudiante n'avait cessé de croître. On a aussi réalisé à cette époque que 80 % des nouveaux emplois exigeaient une forme ou une autre d'études postsecondaires, alors que seulement 67 % des diplômés du secondaire poursuivaient leurs études. Il semblait que, conscients de la facture énorme qui les attendait s'ils poursuivaient leurs études, les étudiants refusaient tout simplement de s'engager dans le processus. Ainsi le pays se retrouvait-il avec un écart regrettable entre les postes disponibles et les diplômés en mesure de les combler. En réduisant les coûts associés à l'éducation supérieure, on présumait que les bourses de la Fondation constitueraient un incitatif et modifieraient indirectement le paysage de l'emploi au Canada.

125

Les programmes de bourses de la Fondation ne pouvaient être élaborés qu'en prenant en compte ces considérations, qui étaient au cœur du mandat que le gouvernement lui avait confié. Mais, ces prémisses étaient-elles justes? La distribution de bourses d'études accroîtrait-elle automatiquement l'accès? Et la question demeurait entière : qu'entendait-on exactement par accès?

Alex Usher, qui, le premier, a occupé les fonctions de directeur de la recherche à la Fondation, souligne que « les membres du conseil d'administration éprouvaient tous le besoin de clarifier les enjeux. Ils avaient l'impression d'avoir disposé un peu trop rapidement des 300 millions de dollars dès la première année, sans une connaissance réelle de la situation. L'un d'eux—Jean Monty, si mes informations sont bonnes—aurait dit que l'éducation est certainement le plus formidable cadeau qu'une nation puisse s'offrir, et que la prochaine fois qu'on disposera de 2,5 milliards de dollars, ce serait peut-être bien de savoir comment les dépenser! »

Pour Norman Riddell, le programme de recherches était aussi en lien direct avec la reddition de comptes. « C'est grâce à la recherche que nous avons pu améliorer nos façons de faire. Et à mon sens, on ne devrait jamais perdre de vue que l'argent du gouvernement provient des taxes et des impôts. La moindre des choses, c'est de bien utiliser cet argent et que les citoyens puissent en profiter vraiment. Je ne m'étendrai pas sur la question, mais les exemples désastreux sont trop nombreux pour ne pas nous livrer à une réflexion sérieuse. En 2010, peut-on encore se permettre des essais et erreurs avec l'argent des contribuables?

« Le programme canadien de prêts aux étudiants en est un bon exemple, poursuit-il. C'est un immense programme qui dépense des milliards, et personne ne sait ce qu'il a pu changer dans la vie de ses bénéficiaires. On ne manque pas d'anecdotes, mais il me semble qu'on serait en droit d'attendre un peu plus pour quelques milliards! »

En effet, les bonnes intentions ne suffisent pas. Trop souvent, des programmes sont créés, que ce soit pour combattre le chômage, encourager l'innovation ou améliorer la santé publique, sans une connaissance réelle des problèmes que l'on souhaite régler, de leurs tenants et aboutissants. Et l'on ne mesure pas assez l'impact éventuel de ces programmes. À l'opposé, l'évaluation des programmes faisait partie intégrante de la gestion de la Fondation. En ces temps de politique partisane, on punit sévèrement l'échec, mais on ne récompense pas suffisamment le succès!

Dans ce contexte, une agence indépendante comme une fondation se tient en retrait de l'arène politique et, très souvent, respecte davantage sa mission que bien des agences gouvernementales. Comme le souligne encore Andrew Parkin, « la Fondation ne devait des comptes qu'à son conseil d'administration. Aussi était-elle en partie à l'abri des scandales et des crises politiques, et n'était pas remise en question à chaque élection. Elle pouvait donc concentrer ses énergies sur sa seule et unique préoccupation : l'aide aux étudiants. »

Mais la question sur laquelle on butait toujours était celle de l'accès aux études postsecondaires. Qu'est-ce qui fait en sorte qu'un jeune (ou une personne plus âgée, dans certains cas) décide de poursuivre ses études? Quel impact peuvent avoir sur sa décision des facteurs aussi divers que la facilité ou la difficulté à lire, l'exemple des membres de la famille qui ont poursuivi des études ou alors simplement l'envie de faire comme tout le monde? Où ces jeunes choisissent-ils d'aller étudier? Au cégep ou au collège? À l'université? Dans une école de commerce? Dans une école de métier? Et dans quel domaine? Dans quelle ville? Dans quel but? Et comment en viennent-ils à prendre ces décisions? Quel rôle tient l'argent dans leur prise de décision?

Le premier document de recherche de la Fondation, intitulé *L'argent est-il important?*, rappelait d'entrée de jeu que le

programme de recherche comportait « deux vocations principales : soutenir le processus d'évaluation qui lui est confié par la
loi et qui doit se dérouler d'ici juin 2003 et soutenir les efforts
visant à améliorer les produits de la Fondation et à les rendre plus
utiles pour les clients. » La question centrale de l'importance de
l'argent entraînait une réponse sans équivoque : « Il est clair que
le revenu familial et la profession des parents ont une certaine
influence sur le choix des jeunes gens quant à la poursuite des
études postsecondaires, ainsi que sur le type d'études qu'ils choi-
sissent d'entreprendre. Toutefois, lit-on encore, nous ne pouvons
déterminer clairement si les programmes d'aide financière con-
tribuent à élargir le choix des jeunes. En somme, nous n'avons
aucun moyen fiable de mesurer si l'aide aux étudiants est efficace.
Or, l'action de la Fondation s'appuie sur l'hypothèse selon laquelle
l'argent a de l'importance. Cela peut sembler évident, mais du
point de vue des politiques, un certain nombre de questions se
posent : Dans quelle mesure l'argent est-il important pour les
étudiants et leurs parents lorsqu'ils prennent une décision concernant les études postsecondaires? A-t-il la même importance
pour tous? Les gens répondent-ils de la même façon à différentes
formes d'aide financière (prêts, bourses, réductions des droits de
scolarité, allégements fiscaux)? De quelle façon l'argent change-t-
il concrètement le comportement? Modifie-t-il le comportement
des jeunes et des parents de la même façon? En l'absence de
réponses adéquates à ces questions, il est impossible d'évaluer les
résultats que peut atteindre la Fondation et tout aussi difficile de
juger des retombées des autres types de programmes. »

   Suite à une ample consultation avec les milieux concernés, la
Fondation a élaboré un programme de recherche autour de trois
thèmes : l'état de la situation financière des étudiants, l'étude
des raisons qui poussent les étudiants à ne pas poursuivre leurs

études et l'identification des « trous noirs » dans la compréhension de leur comportement. En l'an 2000, la Fondation avait déjà forgé des relations avec le monde de l'aide financière et invité une quarantaine de membres de l'Association canadienne des responsables de l'aide financière (ACRAFE) à venir échanger à ses frais sur ces questions.

Alex Usher se souvient que les discussions étaient particulièrement stimulantes. Nous avions passé en revue « ce qu'on fait bien, ce qu'on ne fait pas très bien et ce qu'on pourrait faire mieux. Et en mettant ainsi cartes sur table, on a tous été en mesure d'identifier clairement les besoins et les lacunes. » Ces rencontres pour étudier et discuter des questions liées à l'évolution des politiques d'aide financière avec l'ACRAFE sont ensuite devenues une tradition annuelle au moment où les membres de la Fondation tenaient leur assemblée publique annuelle. Elles ont même contribué au développement de l'ACRAFE, qui n'était au départ qu'un petit réseau de professionnels du monde de l'aide financière.

Réalisant leur complémentarité naturelle, la Fondation a ensuite contribué au financement d'une autre rencontre annuelle avec l'ACRAFE, qui réunissait jusqu'à deux à trois cent professionnels dont les travaux étaient alimentés par l'équipe de recherche de la Fondation. Norman Riddell ajoute que le programme de recherche a permis à la Fondation « d'exercer un leadership discret », alors que Kevin Chapman, autrefois directeur du bureau d'aide financière aux étudiants en Nouvelle-Écosse, reconnaît que « non seulement nous avons créé des liens, mais tout cela nous a aidé à démystifier toutes ces questions compliquées. Je pouvais désormais appeler l'une ou l'autre des personnes rencontrées lors de ces conférences et lui dire : tu te souviens, lors de ta présentation en septembre, tu as parlé de telle ou telle chose, peux-tu m'envoyer de l'info à ce sujet? C'est formidable de pouvoir ainsi compter sur tout un réseau de contacts et de pouvoir mettre un visage sur un nom. »

« Ce n'était pas vraiment dans mes fonctions, déclare Randolf Harrold, mais je me faisais toujours une joie d'assister à ces rencontres avec l'ACRAFE. Elles nous permettaient de développer des politiques pertinentes, de bâtir un réseau de contacts et d'accroître l'efficacité de l'aide financière aux étudiants partout au pays. Notre programme de recherche et tous les partenariats que l'on a établis, que ce soit lors de nos assemblées générales annuelles ou lors des rencontres de *Repensez-y*, ont fait en sorte que la Fondation est devenue un leader dans le domaine. »

C'est après la première rencontre conjointe avec l'ACRAFE à Calgary qu'Alex Usher et son collègue Sean Junor se sont mis en tête de colliger toute l'information existante sur la situation financière des étudiants et sur l'aide financière au Canada. Car, faut-il le préciser, le portrait que nous avions de la situation n'était guère complet et encore moins satisfaisant. En partie, faut-il le préciser aussi, parce que l'éducation au Canada est un sujet brûlant et éminemment politique qui nous ramène immanquablement au problème de juridiction et au fait que les systèmes d'éducation provinciaux sont aussi différents que les différentes communautés des Balkans! C'est ainsi qu'il y a des provinces où les universités sont sous la responsabilité d'un ministère de l'Éducation, ou parfois même d'un ministère spécifique. Programmes d'études, taille des écoles, langue d'enseignement, diplôme exigé pour l'enseignement, bourses universitaires, tout, absolument tout, diffère d'une province à l'autre. Résultat : la confusion règne! Un seul exemple, singulièrement étonnant : nul ne saurait dire avec précision combien il y a d'étudiants de niveau collégial en ce moment au Canada, pour la simple et bonne raison que les statistiques ne sont pas établies de la même manière d'une province à l'autre!

Usher et Junor avaient donc du pain sur la planche! Ils ont cherché, tout ramassé, réuni toutes les informations dans toutes les provinces sur les frais de scolarité, les taux d'imposition, les règles d'admission, l'aide financière accordée par les divers paliers de gouvernement. Ils ont eu recours à toutes les sources de données possibles et imaginables : le Consortium canadien de recherche sur les étudiants universitaires (CCRÉU), Acumen Research et, bien sûr, Statistique Canada. Ils ont demandé aux associés de recherche Ekos de mener une enquête nationale sur les revenus et dépenses des étudiants au cours de l'année scolaire 2001–2002. Tout cela mis ensemble a donné *Le Prix du savoir : L'accès à l'éducation et la situation financière des étudiants au Canada.*

Cet ouvrage de 200 pages a eu un impact considérable. Publié d'abord en 2002, il a connu trois rééditions par la suite, en 2004, 2007 et 2009, et s'est imposé comme un ouvrage de référence incontournable pour quiconque œuvre dans le secteur de l'aide financière aux étudiants. Lorsque la Fondation a commencé à décerner des bourses, en 2000, les décideurs possédaient relativement peu d'information fiable sur l'accès aux études postsecondaires pour orienter leurs décisions. Mais, au fil des ans, la Fondation aura permis la réalisation de dizaines d'études et la publication de plus de 80 rapports, parmi lesquels *Le Prix du savoir.* Aujourd'hui, tous ceux qui ont été associés à la Fondation peuvent s'enorgueillir du fait que, outre les quelque 3,3 milliards versés en guise d'aide financière à des étudiants, la Fondation laisse aussi de riches enseignements qui, on peut l'espérer, sauront éclairer les décideurs dans les années à venir.

Comme l'écrit Andrew Parkin en conclusion à la quatrième édition du *Prix du savoir*, « même s'il faut continuer à recueillir des données, il ne faut pas oublier d'exploiter au mieux celles que nous avons en main. Cela inclut non seulement les données tirées d'enquêtes pancanadiennes telles que celles réalisées par Statistique Canada, mais aussi les données administratives recueillies par les provinces et les établissements d'enseignement, lesquelles pourraient en dire beaucoup sur le taux de réussite des différents programmes d'études (...). Cela dit, la recherche à elle seule ne résout pas tous les problèmes. Les progrès seront avant tout accomplis au moyen d'actions prises par des personnes et des organismes dévoués, dans tous les secteurs, qui ont comme souci de fournir des chances d'accès aux études aux Canadiens de tous les milieux et de tous les horizons. Ces personnes travaillent dans divers contextes : comme ministres dans les gouvernements au pouvoir ou comme fonctionnaires, mais aussi dans des écoles, des collèges et des universités; dans des organismes communautaires ou encore dans des entreprises. Nous leur souhaitons bonne chance dans leurs efforts, car, pour la prospérité du Canada, ces personnes doivent réussir à faire progresser les choses. »

CES RECHERCHES, ces conférences et ces discussions ont accouché de cinq grandes conclusions qui ont profondément modifié la perception de l'accès aux études au pays.

1. En dépit des prémisses qui ont guidé la création de la Fondation, *verser de l'argent à des étudiants qui ont déjà entrepris des études postsecondaires n'accroît pas l'accès.* Cela peut toutefois rassurer les étudiants du secondaire ou du collégial quant à leurs moyens financiers pour poursuivre leurs études. La recherche nous apprend donc que tous ceux qui ont déjà entamé des études

après le secondaire V n'ont pas de problème d'accès et que le problème réside chez ceux qui sont en dehors du système.

2. *Le niveau d'endettement de l'étudiant ne nous informe pas
correctement sur son niveau de besoin financier.* Les chercheurs ont
en effet démontré que les étudiants les plus endettés étaient souvent des étudiants relativement à l'aise financièrement, venant
de familles de la classe moyenne, engagés dans de longues
études universitaires, vivant assez loin du domicile familial et
ne travaillant pas. À l'opposé, les étudiants qui sont le plus dans
le besoin proviennent de familles démunies et font tout ce qu'ils
peuvent pour limiter les coûts : ils vivent chez leurs parents,
fréquentent des institutions d'enseignement situées près de chez
eux, ne s'inscrivent pas dans des programmes coûteux tels le
droit ou la médecine et travaillent souvent à temps partiel, et
même à temps plein, pour pouvoir continuer à étudier. En outre,
les étudiants à faibles revenus sont souvent réfractaires à l'idée
d'avoir des dettes. Pour les familles de la classe moyenne, la
dette peut être un outil; pour les familles plus démunies, c'est la
spirale désastreuse dans laquelle il ne faut surtout pas s'engager.

3. *Traiter tout le monde sur le même pied revient à ne pas traiter
tout le monde équitablement!* Des conditions différentes (aussi
simples que le lieu de résidence) peuvent faire en sorte que
deux profils apparemment similaires sont en réalité très différents. Kevin Chapman, qui œuvrait jusqu'à tout récemment
dans le secteur de l'aide financière en Nouvelle-Écosse, notait
par exemple que l'Ontario avait établi un programme d'aide
pour les étudiants qui vivaient à plus de 65 kilomètres de leur
établissement d'enseignement. « Mais, dit-il en souriant, si vous
instaurez pareil programme en Nouvelle-Écosse, vous êtes sûr de
ne pas débourser un sou, parce qu'ici personne n'habite à plus
de 50 kilomètres de la mer! La province a beau avoir 44 collèges,

11 universités, le Collège communautaire de la Nouvelle-Écosse compter 13 campus et 6 centres d'apprentissage, le territoire est minuscule, et personne ne vit à plus de 65 kilomètres d'un établissement postsecondaire! »

4. *La question de l'accès est beaucoup plus complexe qu'on le croyait au départ.* Les obstacles sont multiples, liés à la fois à la classe sociale, aux revenus, à la région d'origine et à la culture, à l'appartenance ethnique. Ces mêmes particularités déterminent aussi la capacité de persévérer dans le système (la persévérance peut bien entendu être aussi perçue comme une forme de barrière à l'accès). « L'agenda caché » peut aussi avoir un impact sur l'accès : le fonctionnement de l'école, la capacité d'adaptation de l'étudiant au système scolaire, sa facilité ou non à demander de l'aide, l'art de saisir les chances qui s'offrent à lui, même sa manière de se présenter au moment d'une évaluation. Il y a des atouts qu'il est bon d'avoir dans sa manche (la confiance en soi est déterminante) pour réussir avec succès une demande d'admission, une demande de bourse ou pour décrocher un emploi.

5. *C'est à l'école secondaire que tout se joue.* L'idée de s'engager ou non dans des études supérieures naît à l'école secondaire; c'est donc à ce moment-là que les étudiants doivent être sensibilisés. Le fossé est immense entre le secondaire et le postsecondaire; aussi faut-il veiller à ce que le passage se fasse le plus harmonieusement possible.

CES CINQ conclusions ont conduit Norman Riddell à demander à Alex Usher de mettre au point une série de projets de recherche visant à démontrer comment les étudiants du secondaire pouvaient être influencés dans leur décision d'entreprendre des études collégiales et universitaires. C'est ainsi qu'Usher a élaboré divers projets pilotes, avec des approches différentes selon les milieux. Les étudiants qui participaient à l'un ou l'autre de ces projets étaient stimulés de différentes manières (encouragement, conseils, aide financière, etc.), alors que les autres étaient laissés à eux-mêmes. Tout cela pour comprendre quelles mesures avaient le plus grand impact sur la décision de l'étudiant.

« Si en médecine on est familier avec la recherche aléatoire, on a rarement recours à ce type de projets de recherche scientifiques dans le monde de l'éducation, et encore moins au Canada, poursuit Andrew Parkin. Ces recherches nous ont placés en tête de peloton au niveau mondial, bien que nous ne connaîtrons les principaux résultats de ces expériences qu'après la disparition de la Fondation. Nous aurons consacré 45 millions de dollars à ces projets, sur une période de 8 ans, et cela aura été le plus important budget du genre au pays. »

Un avenir à découvrir, dont il était question au début de ce livre, qui a réuni quelque 4 000 étudiants au Nouveau-Brunswick et 1 000 au Manitoba, a certainement été le plus important de tous ces projets. C'est ce programme, on s'en souvient, qui a eu un impact considérable sur la famille Babin, de Shédiac. AVID (Advancement Via Individual Determination) fut un autre projet majeur. Développé conjointement avec la Colombie-Britannique, il visait à identifier les moyens de faciliter l'accès aux études postsecondaires.

D'une durée de cinq ans, le projet AVID a touché 1 200 étudiants dans 20 écoles. Défini comme un programme interscolaire de soutien aux études, il visait à préparer aux études postsecondaires les étudiants de la 9ᵉ à la 12ᵉ année qui obtiennent des résultats scolaires moyens. Les participants choisis fréquentaient des classes enrichies et acquéraient les outils en rédaction, en recherche, en apprentissage coopératif et en lecture en plus de recevoir le soutien nécessaire pour réussir un programme d'études. Le projet avait pour mission de donner aux étudiants issus de groupes minoritaires et de communautés rurales, aux étudiants à faible revenu et aux autres étudiants provenant de familles dont les parents n'avaient pas fait d'études postsecondaires les mêmes chances qu'aux étudiants plus favorisés. Le programme AVID utilisait des techniques mises au point afin de convertir les « apprenants passifs » en penseurs actifs et dotés d'un sens critique aiguisé.

Conçu par Mary Catherine Swanson, une enseignante du secondaire de San Diego, et mis en oeuvre au début des années 1980 dans plus de 3 500 écoles secondaires américaines, le programme avait initialement deux objectifs : restructurer les méthodes d'enseignement des écoles et faciliter l'accès à des programmes de formation qui assureraient l'admissibilité d'un nombre maximum d'étudiants aux programmes d'études des collèges. En outre, un centre AVID avait été créé pour former les enseignants et leur fournir toutes les ressources dont ils avaient besoin pour mettre en oeuvre efficacement le programme.

L'école secondaire de Chilliwack en Colombie-Britannique a intégré le projet AVID à son programme d'éducation en septembre 2001, au moment où le personnel était fortement préoccupé par le peu d'intérêt de leurs étudiants pour les études postsecondaires. Stan Watchorn, qui dirigeait alors le projet de Chilliwack, se remémore son premier contact avec la Fondation. « Norman Riddell et Jocelyn Charron sont débarqués pour nous rencontrer. Je m'en souviens comme si c'était hier. Norman—qui était le grand patron de la Fondation!—est entré dans une classe AVID et s'est assis avec un groupe d'étudiants de 8ième ou 9ième année. Il leur posait des questions et s'est littéralement mis dans la peau d'un tuteur. Dans le programme AVID, le rôle du tuteur ne consiste pas à fournir les réponses, mais plutôt à poser des questions pour amener les étudiants à trouver eux-mêmes les réponses à leurs questions. C'était fabuleux à voir, et les étudiants ont été enthousiasmés. »

Depuis, la Fondation et le gouvernement de la Colombie-Britannique ont élargi le projet à plus de vingt écoles secondaires de la province. Quelque 500 étudiants ont commencé les classes facultatives AVID en septembre 2005. Un groupe témoin composé de 234 étudiants a été constitué, tandis que 137 autres ont été placés sur une liste d'attente. Les participants aux trois groupes ont été choisis de façon aléatoire. Il va sans dire que l'école de Chilliwack a servi d'exemple pour la mise en œuvre du projet sur tout le territoire. Durant l'été 2005, plus de 160 enseignants de la Colombie-Britannique ont reçu une formation à l'institut AVID. De leur côté, les écoles qui décidaient de participer se pliaient à toutes les conditions du programme. Les classes facultatives AVID devaient être dispensées durant les heures normales d'école, et tous devaient travailler à obtenir l'attestation annuelle AVID. Chaque école possédait sa propre équipe interdisciplinaire AVID, dont les membres collaboraient pour assurer l'accès à des classes préparatoires rigoureuses et la réussite des étudiants. Des tuteurs formés étaient aussi sur place pour apporter leur aide aux classes AVID.

Comme ce fut le cas pour Un avenir à découvrir, le projet AVID fait l'objet d'une évaluation par des chercheurs qui comparent, entre autres choses, les progrès des participants au projet AVID à ceux des autres étudiants.

La jeune Tessa Jensen, une étudiante de 9ᵉ année qui a participé au programme AVID, résume ainsi son expérience : « À vrai dire, il s'agit d'un programme qui vous aide à réussir. Il vous enseigne des stratégies pour réussir à l'école. Il s'adresse aux étudiants moyens.

J'ai bien changé depuis le temps, parce qu'alors j'étais complètement désintéressée. Je travaille beaucoup plus fort, je mets beaucoup d'efforts dans tout ce que je fais maintenant.

Le programme AVID m'a montré ce que je devais faire pour réussir. Je sais maintenant que je suis capable d'aller à l'université, donc que j'ai un avenir. Nous en apprenons beaucoup sur l'université et sur ce qu'il faut faire pour obtenir tel ou tel emploi. Et je ne veux pas faire les choses parce que je dois les faire : je veux les faire parce que j'en ai envie. Donc je travaille beaucoup plus fort maintenant, car je comprends à quel point c'est important.

À l'école primaire, on s'occupe de toi, mais, au secondaire, tu dois te prendre en main, et c'est plus difficile. L'enseignante du programme AVID est formidable et elle s'assure que nous embarquions.

Nous faisons tous partie du même programme et nous travaillons ensemble. Nous sommes dirigés et nous travaillons très bien en équipe. C'est bizarre parce que nous ne nous parlions pas en dehors de l'école, mais maintenant oui. Le programme nous a beaucoup rapprochés.

Je crois que c'est une occasion unique et je suis très chanceuse d'avoir été choisie dans ce programme. Ma mère en a entendu parler et a pensé qu'il me conviendrait parce qu'il offrait ce dont j'avais besoin pour m'améliorer à l'école. Je me suis donc inscrite. Au début, l'idée ne me plaisait pas vraiment, et j'y suis allée pour ma mère. Mais aujourd'hui, je suis contente de l'avoir fait.

En 8ᵉ année, j'étais complètement démotivée. L'école, ce n'était pas important pour moi, et tout le monde me disait que je pouvais faire mieux. Maintenant, j'ai de bien meilleures notes. Dans un de mes cours, je me suis améliorée de 30 % ou 40 %. Et je n'ai plus jamais d'échecs. Donc ça va bien. Je trouve l'école beaucoup plus facile depuis que je fais tous mes devoirs. Et je me

138

sens beaucoup mieux dans ma peau. Quand j'arrive à l'école, je ne me demande plus ce que je vais bien pouvoir dire à mon professeur. Et c'est bien mieux comme ça. »

Deux cohortes d'élèves ont été recrutées pour le projet AVID en Colombie-Britannique, la première au début de 2005 et l'autre, en 2006, lorsque les élèves étaient en 8ᵉ année. Les écoles ont commencé à offrir le programme en septembre 2005. La deuxième cohorte d'élèves a entrepris AVID en 9ᵉ année, un an plus tard. Cela signifie qu'il sera possible d'analyser l'inscription aux études postsecondaires de la première cohorte en 2010, et de la deuxième, en 2011. En novembre 2008, la Société de recherche sociale appliquée (SRSA) a publié un premier rapport intitulé *Le Projet pilote AVID Colombie-Britannique : Rapport de mise en œuvre préliminaire,* qui examinait la conception et le déroulement préliminaire du projet. Un deuxième rapport faisant état des impacts provisoires a paru au printemps 2010, et un rapport final sera publié au cours de l'automne 2012.

Jocelyn Charron, qui a dirigé plusieurs projets pilotes à la Fondation canadienne des bourses d'études du millénaire, déclare pour conclure : « C'est vraiment formidable de découvrir tous ces talents cachés dans notre système d'éducation. Cela a été pour moi une révélation. Évidemment, des projets comme AVID attirent des gens qui ont envie que les choses bougent. Vous dire d'ailleurs les enseignants extraordinaires que j'ai rencontrés au fil des ans! Ils donnent une bien meilleure image de notre système d'éducation que celle, négative, qui malheureusement circule un peu partout. Ils ont été une incroyable source d'inspiration pour nous tous. »

LE PROGRAMME de recherche de la Fondation comptait de multiples projets pilotes, parmi lesquels un programme de tutorat et de soutien nommé *Fondations pour le succès.* Grâce à des fonds mis à leur disposition par la Fondation et en association avec celle-ci, trois collèges communautaires de l'Ontario ont pu mener une initiative de recherche appliquée afin d'étudier les moyens d'améliorer la persévérance des étudiants qui fréquentaient ces collèges et dont la situation laissait craindre un abandon des études.

Un autre de ces projets pilotes, *Making Education Work,* comptait sur l'apport conjoint du gouvernement du Manitoba, de plusieurs communautés des Premières Nations et de la Fondation, et s'adressait aux étudiants autochtones qui vivaient tant à l'extérieur des réserves que sur les réserves. *Making Education Work* avait pour but d'améliorer leur taux d'inscription aux études postsecondaires en mettant en œuvre un ensemble d'interventions axées sur l'information, le soutien scolaire, le tutorat, la participation de la communauté (expérimentation de métiers, stages, observation des employés au travail, emplois d'été, bénévolat dans la communauté et exploration professionnelle) et sur un programme d'études fondé sur la culture autochtone (cours facultatifs de droit, de langues et d'études autochtones). Des ateliers, des activités et des séances de formation avec les parents et les tuteurs leur permettaient de mieux comprendre et de soutenir leur enfant dans ses besoins et objectifs scolaires.

Mais de tous les projets pilotes rendus possibles grâce au programme de recherche de la Fondation, le plus ambitieux fut sans nul doute le projet LE,NONET. Notons avant toute chose que, dans la langue du peuple Salish de la baie Puget, au sud de la Colombie-Britannique, LE,NONET (qu'on prononce « le-non-git ») signifie « la réussite après de nombreuses épreuves ». Conçu par la Fondation en association avec l'Université de Victoria, ce projet pilote destiné à soutenir la réussite des étudiants autochtones du postsecondaire souhaitait établir les modèles les plus efficaces pour venir en aide aux Autochtones inscrits à l'Université et à accroître leur persévérance jusqu'à l'obtention d'un diplôme.

Il est de notoriété publique que les étudiants autochtones sont sous-représentés dans les universités canadiennes. Le recensement de 2006 rapportait que seules 30 % des personnes d'ascendance autochtone avaient atteint l'université, contre 51 % de la population en général. Bien que ce pourcentage ait beaucoup augmenté depuis quinze ans (il n'était que de 20 % en 1996), la population autochtone continue d'être minoritaire dans les établissements postsecondaires et demeure par conséquent sous-représentée dans la plupart des professions qui exigent une formation universitaire.

Le projet LE,NONET a donc été mis sur pied pour abattre les obstacles rencontrés par les étudiants autochtones et leur venir en aide dans leurs études universitaires, et aussi pour tester des approches à la fois accessibles et sensibles à leur culture. À la base du projet, deux questions fondamentales : Comment mesurer la réussite des étudiants autochtones universitaires et de leur communauté? Et puis : Au vu des réponses, comment les établissements postsecondaires peuvent-ils mieux aider les étudiants autochtones à réussir?

Au départ, l'Université de Victoria a soumis à la Fondation une proposition pour un programme d'interventions qui commencerait en 2005 et se poursuivrait jusqu'en 2009. Avant même que la planification du projet LE,NONET ait débuté, l'université avait déjà souhaité une augmentation du nombre d'étudiants autochtones sur son campus et une amélioration de ses relations avec les communautés et organisations autochtones environnantes.

Le projet LE,NONET a été mis au point en collaboration avec les communautés autochtones et plusieurs groupes et organisations, y compris des fournisseurs de services et des administrateurs d'autres universités, des enseignants, du personnel et des étudiants de l'Université de Victoria. L'une des principales conclusions de ces consultations a été que, plutôt que de se polariser sur les taux de rétention et de « diplomation », il était plus important que ce projet pilote définisse en quoi consistait la réussite aux yeux des étudiants autochtones. La réussite et la connaissance. Car si, aux yeux de bien des Occidentaux, la connaissance sert au bout du compte à exercer du pouvoir, bien des Autochtones s'opposeront violemment à une telle conception de la connaissance. (On peut d'ailleurs espérer que soit enfin traduit en français l'ouvrage de Gregory Cajete publié en 1994 et intitulé *Look to the Mountain : An Ecology of Indigenous Education*, qui aborde avec un regard à la fois historique et culturel la question de l'éducation chez les Autochtones.) Par conséquent, le programme allait à la fois dans le sens de l'affirmation et du renforcement du sentiment d'appartenance des Autochtones, de la valorisation de leurs coutumes et de leur système de production de connaissances. Ces priorités ont servi de base à l'élaboration du projet LE,NONET, en assurant qu'il répondrait aux besoins exprimés par la communauté.

Entre septembre 2005 et décembre 2007, 867 étudiants de l'Université de Victoria ont été identifiés comme Autochtones et 139 d'entre eux ont pris part aux composantes du programme LE,NONET. Bien que la plupart n'ait participé qu'à un seul volet, le projet permettait et encourageait la participation à plusieurs interventions. De plus, 24 conseillers de la composante Stages communautaires et 16 conseillers du programme d'initiation à la recherche participaient au projet. L'âge moyen des participants était de 29,9 ans (les hommes étant légèrement plus âgés que les femmes), et la plupart étaient des femmes, soit 69,8 %.

Le projet comprenait différentes composantes et se présentait en fait comme un arbre doté de six branches principales. L'objectif commun était de s'attaquer aux obstacles rencontrés par les étudiants autochtones au moyen de bourses et par la création d'un fonds pour les situations d'urgence, de séminaires de préparation aux examens, de programmes d'initiation à la recherche, de stages communautaires, de tutorat par les pairs et par la formation de personnes concernées par la culture autochtone.

Presque sans exception, les 139 participants à l'un ou l'autre des volets du programme LE,NONET pendant les deux années et demie du projet ont admis qu'il avait contribué à leur réussite. La majorité d'entre eux (77 %) ont indiqué que leur participation avait donné un sens à leur propre identité d'Autochtone; 71 % d'entre eux ont convenu que le programme les avait aidés à mieux comprendre la culture et les traditions autochtones; une grande majorité (87 %) s'est sentie plus proche de la communauté autochtone sur le campus, et un peu plus de la moitié (54 %) trouvé que ce projet avait contribué à accroître leur sentiment d'appartenance à l'Université, et presque autant ont admis que le programme avait contribué à leur décision de retourner aux études l'année suivante. Enfin, nombreux sont les étudiants qui ont mentionné que le programme occupait un créneau important à l'Université et espéraient qu'il devienne permanent. Les différents volets de LE,NONET se sont poursuivis jusqu'en avril 2009, mais, pour l'instant, son avenir demeure incertain.

Un avenir à découvrir, AVID, LE, NONET... Lorsqu'il repense à tous ces projets pilotes dont il a assuré la supervision, Andrew Parkin insiste sur le fait que la Fondation s'est toujours engagée à rendre l'éducation accessible à tous et a remporté son pari haut la main. « Tous ces projets ont considérablement élevé les standards de recherche en éducation au Canada. L'évidence sautera aux yeux lorsque les rapports finaux sur tous ces projets deviendront disponibles. » Il est aussi impressionné par les « bénéfices marginaux » qui découlent de tous ces projets : « Au départ, nous voulions conscientiser un groupe de professeurs, en faire des passeurs susceptibles, bien après la fin des projets, de poursuivre dans la même voie et même d'inventer des voies nouvelles pour ouvrir l'horizon des jeunes à travers le pays. Je ne le dirai jamais assez : les professeurs qui ont collaboré à ces projets ont déployé une énergie colossale, ils se sont donné sans compter et ont abattu un travail monstre. Sans eux, la Fondation n'aurait jamais pu atteindre ses objectifs. »

Et ces objectifs, quels étaient-ils? Ils se résument en fait à un désir fondamental, celui d'élargir, de toutes les façons possibles, l'horizon de la connaissance. Mais il ne suffit pas d'avoir de bonnes intentions pour obtenir de bons résultats! Les membres de la famille Babin de même que tous les étudiants et enseignants concernés sont là pour en témoigner! Et la Fondation, à travers une pédagogie active, des projets sans cesse remis sur le métier, une attention de chaque instant et une capacité à remettre en question les projets à chaque étape de leur mise en application, a fait en sorte que le ruisseau trouve son cours sans que son tracé soit dicté à l'avance, que la fleur puisse éclore sans qu'on tire dessus, avec le souhait absurde qu'ainsi elle pousse plus vite! La Fondation a démontré que les meilleurs programmes au monde ne sont rien sans cette prise en compte des besoins réels de chacun des étudiants, besoins qui ne sauraient être réduits à un concept préétabli. Comme le disait si bien l'écrivain allemand Botho Strauss, « le vivant ne trouve jamais sa forme! »

« LA CAPACITÉ de mener une recherche objective, ajoute l'Auguste Personnage, est l'un des acquis de la Fondation. Le gouvernement devrait favoriser la recherche, mais ce n'est pas malheureusement pas le cas. Toutes les informations recueillies au cours des années par la Fondation s'avèrent donc extrêmement précieuses, que ce soit sur les organismes d'aide aux étudiants ou sur les besoins des jeunes qui envisagent de se lancer dans des études postsecondaires. Seules les provinces pouvaient, jusqu'à tout récemment, avoir une vision à peu près juste de la situation, mais aujourd'hui, grâce à la Fondation, nous sommes en mesure d'établir un portrait plus global et plus net. »

Yves Pelletier, le gestionnaire du projet pilote *Un avenir à découvrir,* croit pour sa part que « c'est sa redéfinition de l'accès qui va constituer l'un des héritages importants de la Fondation. Auparavant, l'accès n'avait qu'une dimension financière. Nos recherches sur les obstacles rencontrés par les étudiants ont démontré que tout n'est pas qu'une question d'argent et que la Fondation n'a pas été qu'une entreprise philanthropique. »

Gérard Veilleux voit aussi les résultats des divers programmes de recherche comme un immense legs. « C'est tout de même extraordinaire que la recherche la plus vaste jamais menée dans le domaine de l'aide aux étudiants l'ait été par une organisation née de fonds fédéraux. C'est là un exploit exceptionnel. Oui, c'est vrai, l'éducation relève des provinces, mais aucune province, aucun ministère provincial de l'éducation, aucun programme provincial de soutien aux étudiants n'est parvenu à dessiner un portrait aussi clair de la situation. Et c'est grâce à une initiative fédérale si aujourd'hui nous y voyons plus clair. Je le répète : c'est là une réalisation vraiment digne de mention. Et j'espère que cela servira de modèle dans d'autres domaines. »

« À l'aube du 21ᵉ siècle, l'accès à l'éducation est une chose absolument primordiale, note Yves Pelletier. Tous, peu importe

145

leur milieu social, devraient avoir accès à des études postsecondaires. C'est là non seulement une question d'équité, mais aussi un investissement à long terme pour toute société qui a une quelconque vision d'avenir. »

Le Canada de demain a plus besoin que jamais d'une population éduquée. Si on veut que l'avenir nous appartienne, il importe que tous nos concitoyens aient les moyens de poursuivre des études, de s'épanouir intellectuellement et de pouvoir ainsi contribuer à l'essor de notre société.

› Polyvalente La Samare,

Plessisville, Québec

. . . .

C'EST UN scénario digne des Oscar à Hollywood! Le présentateur s'avance au micro et donne la liste des finalistes. Leurs visages apparaissent sur l'écran géant placé devant les spectateurs. Le présentateur dévoile le nom du lauréat et la foule l'acclame. Un projecteur balaie la salle, s'arrête sur le gagnant et le suit pendant qu'il court dans l'allée et se dirige vers la scène. L'heureux récipiendaire prend alors l'enveloppe qui lui est remise et tous continuent de l'applaudir.

Nous ne sommes pas à Hollywood, mais bien dans l'auditorium de la Polyvalente La Samare à Plessisville. La Samare, dites-vous? Il ne faut pas confondre la Samare et la Samaritaine de l'*Évangile selon Saint Jean!* La samare est, nous apprend *le Grand Robert de la langue française,* un « fruit sec indéhiscent akène (c'est-à-dire contenant une seule graine), muni d'une excroissance en forme d'aile membraneuse, formée par le péricarpe ». L'orme et le frêne, que l'on trouve en grand nombre dans cette région, ont des « samares ». Nous sommes donc à la Polyvalente La Samare, et ce soir se tient un gala de remise de prix et de bourses.

Le jeune homme sur la scène, tiré à quatre épingles, s'appelle Stéphane LeBlanc, et il est agent principal des bourses d'excellence à la Fondation. Il est ici pour décerner trois bourses d'excellence du millénaire à trois étudiants : Sophie Boutin, Chloé Marcoux et Mathieu Samson. Il en profite pour rappeler à l'assemblée que ces bourses ne récompensent pas uniquement la réussite scolaire mais aussi le civisme et le leadership. Comme la Fondation vit ses derniers jours, ce sont là les dernières bourses d'excellence qui seront accordées.

Stéphane y va ensuite d'une déclaration étonnante : au cours des 10 dernières années, 50 étudiants de la Polyvalente La Samare ont reçu une bourse d'excellence de la Fondation, ce qui en fait l'école secondaire publique la plus récompensée au pays. Tonnerre d'applaudissements dans la salle!

En fait, la seule école au pays à avoir reçu davantage de bourses d'excellence que cette modeste polyvalente publique est le Lester B. Pearson United World College of the Pacific, la seule école canadienne reliée au réseau prestigieux des 13 établissements du United World Colleges (UWC) à travers le monde. La Samare ne figure pas seulement au sommet des écoles publiques au Canada, mais ses étudiants ont réalisé l'exploit d'obtenir beaucoup plus de bourses que des institutions privées de très haut niveau telle l'école secondaire privée indépendante The University of Toronto Schools (UTS), le Upper Canada College (cette école élémentaire et secondaire privée pour garçons de Toronto, où les élèves étudient en vue de l'obtention du baccalauréat international), la Bishop Strachan School de Toronto ou la St. John's-Ravenscourt School de Winnipeg. Une année, huit étudiants de La Samare ont reçu une bourse!

Comment cet exploit a-t-il donc été rendu possible?

La directrice de La Samare, Danielle Béliveau, croit que toute la petite communauté de Plessisville y a contribué. « La municipalité compte environ 7 000 habitants et elle est entourée par la paroisse de Plessisville, qui a une population de 2 600 habitants. On obtient ainsi un bassin de près de 10 000 habitants. Il n'y a pas beaucoup de choses à faire et, par conséquent, l'école est vraiment au cœur de la communauté. Les gens y viennent pour toutes sortes d'activités. On suit des cours comme auditeur libre, on y tient des réunions de clubs ou d'associations, des festivals, des spectacles; on y fait des activités de collecte de fonds, et l'école est au cœur de toutes sortes de projets et d'occasions de rassemblement. L'école, ajoute-t-elle, le sourire aux lèvres, est ouverte du matin jusqu'à tard le soir, sept jours par semaine, et tout le monde ici se sent concerné par ce qui se passe à l'école. Le concierge, par exemple, qui voyait les élèves et les profs travailler ensemble le soir à de multiples projets, a décidé de se porter volontaire et il est devenu coach de l'équipe de basket-ball! »

« L'école compte à peine plus de mille élèves, précise la conseillère en orientation Patricia Bourque. Un nombre idéal : assez pour offrir toutes les activités que les élèves veulent avoir et pas trop non plus, ce qui fait qu'on les connaît tous personnellement. C'est la seule école de la région où les professeurs et les conseillers en orientation travaillent de concert. Comme environ 80 % des profs ont étudié ici à La Samare (ce qui est aussi le cas des médecins, avocats et gens d'affaires de Plessisville, et de Patricia Bourque elle-même), ils connaissent parfaitement l'établissement et le lien qu'il entretient avec la communauté. Et ils savent aussi quel rôle majeur peut jouer l'école dans la vie des élèves. »

« Quand vous repensez à vos années d'école, qu'est-ce qui vous vient en tête? demande la directrice Danielle Béliveau. Peut-être le souvenir d'un prof ou deux, d'un cours ou deux, mais ce dont vous vous souvenez surtout, c'est des matchs que vous y avez disputés, des clubs dont vous faisiez partie, des sports que vous pratiquiez, des amis que vous aviez, des comités sur lesquels vous siégiez, des voyages que vous avez faits. S'il me fallait décrire "la philosophie" de La Samare, je dirais que, pour nous, ce que l'élève vit à l'extérieur de la salle de classe fait en sorte qu'il aime son école ou non. C'est la raison pour laquelle nous mettons l'emphase sur toutes les activités parascolaires, dont l'éventail est très vaste. Et on obtient des résultats concluants, précise-t-elle. Alors que le taux de décrochage scolaire est d'environ 25 % dans les écoles du Québec, ici à La Samare, il se situe aux alentours de 5 à 6 %. »

Danielle Béliveau se souvient qu'elle travaillait un soir au bureau. Elle sort enfin (il devait être 2 heures du matin) et tombe sur une bande de jeunes qui faisaient du skate-board devant l'entrée de l'école. C'était d'anciens étudiants qui avaient maintenant complété leurs études collégiales et qui étaient là à traîner. Croyez-vous qu'elle craignait qu'ils aient des bombonnes de peinture en aérosol et dessinent des graffitis? Qu'est-ce que vous allez penser là! En 37 ans d'histoire, c'est arrivé une seule fois que l'on doive effacer des graffitis sur les murs de l'école!

« La première fois que je suis venu à une cérémonie de remise de prix, se souvient Stéphane LeBlanc, j'ai remarqué que les parents, les grands-parents, les frères et sœurs, les mentors de la communauté, tout le monde était là pour l'événement. Il ne faisait aucun doute que l'école, la communauté et les bénévoles formaient vraiment un tissu uni et que ce n'était pas la première fois qu'ils se retrouvaient! Et tous les étudiants, du premier au dernier, ont souligné le soutien qu'ils avaient reçu de la part de leurs parents, de leurs professeurs et des conseillers en orientation. Et ce soutien, je peux vous dire que j'en ai été témoin. Au début du programme, je recevais très régulièrement des appels d'un enseignant de La Samare du nom de Majella Lemieux. Il me bombardait de questions sur les critères d'admissibilité, les formulaires de demande, toutes sortes de choses. Qu'est-ce que vous voulez dire exactement par "ceci ou cela"? Quelles informations supplémentaires les formulaires de demande doivent-ils contenir? Il me remerciait toujours poliment… et c'est comme ça que les demandes de Plessisville ont commencé à rentrer, toutes plus détaillées et étayées les uns que les autres. »

Majella Lemieux est un solide gaillard au regard intense, plein d'humour. Aujourd'hui à la retraite, il a toujours eu une haute idée de la profession d'enseignant. Pour lui, il n'y a pas de secret : il faut juste connaître les étudiants, nouer des liens avec eux, les soutenir, les encourager, s'intéresser à leurs passions et à leurs problèmes aussi, pas juste se tenir derrière son bureau dans la position du maître! « Les enfants peuvent faire des choses formidables, mais il faut les pousser! Et pas juste les pousser, il faut être là pour eux. Faire des activités avec eux, c'est la meilleure façon de bien les connaître. Pour ma part, je quittais rarement l'école avant 17 h, 17 h 30 après m'être assuré que mes cours du lendemain étaient prêts. Les activités parascolaires avaient souvent lieu à ce moment-là, alors, j'ai pris l'habitude d'aller voir les étudiants pour voir s'ils avaient besoin d'aide. Et puis, évidemment, si vous êtes là et qu'ils ont des problèmes de quelque nature, ce soit, ils vont vous en parler! Et c'est comme ça que vous allez gagner leur confiance! Après coup, en classe, vous n'aurez pas l'ombre d'un problème! Mais s'ils ne vous connaissent pas, s'ils ne vous ont jamais vu ailleurs que dans la salle de classe, comment pensez-vous pouvoir établir un lien de confiance? »

Patricia Bourque, qui est conseillère en orientation, rappelons-le, insiste fortement sur « le caractère primordial de ce type de lien personnel avec l'étudiant. Pour revenir à la question des bourses, même s'ils en ont entendu parler, souvent ils vont hésiter à faire une demande parce qu'ils ont l'impression qu'ils n'ont pas ce qu'il faut. Dans ce cas, le professeur ou le conseiller peut leur fournir l'information dont ils ont besoin, mais surtout il peut les aider à dessiner leur profil de manière plus juste et à voir avec eux ce qu'ils peuvent inscrire dans leur c.v. On ne peut pas imaginer à quel point remplir un formulaire peut être révélateur! Ça peut permettre à un étudiant d'avoir une perception plus juste de lui-même et au professeur ou à l'accompagnateur de mieux le préparer à d'autres situations du même genre, que ce soit pour des jurys d'admission ou même des demandes d'emploi. »

Plessisville, précisons-le, appartient à la municipalité régionale de comté (MRC) de l'Érable, qui est située dans la région administrative du Centre-du-Québec et qui regroupe 11 municipalités. La Maison des jeunes—une des 135 que l'on trouve à travers la province—constitue un autre point de ralliement des jeunes de la ville. Comme il n'y a pas d'autres centres similaires dans les plus petites municipalités aux alentours, celui de Plessisville rassemble donc tous les jeunes de la région.

« De plus en plus, les gens des milieux ruraux s'organisent et mettent sur pied des projets innovateurs et adaptés à leurs réalités, déclare Gilles Cayer, directeur général du Réseau Partenaires 12–18/Québec. Le Réseau est né d'initiatives locales visant à améliorer la qualité de vie des adolescents des municipalités rurales. Au fil des ans, il s'est dégagé un savoir-faire et de nombreux points communs dans les stratégies d'intervention de ces organismes. Un nouveau besoin est alors apparu, soit celui de consigner dans un cadre de référence les particularités de l'intervention jeunesse en milieu rural. Le Réseau Partenaires 12–18/Québec désigne une association regroupant des organismes jeunesse qui partagent deux caractéristiques fonda-mentales, soit d'intervenir auprès des jeunes de 12–18 ans et de desservir le territoire d'une MRC rurale. » Comme tous les autres membres du réseau, Partenaires 12–18 de la MRC de l'Érable est donc un organisme jeunesse qui organise des activités sociales, culturelles et sportives s'adressant aux jeunes ou à l'ensemble de la communauté.

Tout cela a pris naissance il y a une quinzaine d'années, lorsqu'un groupe de parents, préoccupés par le vandalisme, les problèmes de drogue et d'alcool d'un nombre grandissant de jeunes, ont approché la municipalité pour obtenir de l'aide. L'administration municipale de Plessisville a mis un lieu à la disposition des jeunes et embauché des gens compétents pour organiser des activités et resserrer les liens entre parents et enfants. Ces organisateurs ont eu une idée à la fois simple et brillante : ils ont tout bonnement pris la peine de demander aux jeunes ce qu'ils souhaitaient avoir et ont comblé leurs attentes! Les jeunes voulaient des activités sportives et de plein air, des voyages, quelque chose à faire! Très bien, dirent les organisateurs! Très vite parents et enfants, représentants de la municipalité et du milieu des affaires se sont unis et se sont donné pour mission de « favoriser l'autonomie, l'initiative et le sens des responsabilités des jeunes ».

Sous le regard des adultes, les jeunes ont appris à créer des organisations, à se donner des buts, à élaborer et à exécuter des plans d'action. La responsabilité, on le sait, est une drogue douce! Plus vous vous sentez responsable, plus vous voulez en faire! Au fur et à mesure que les jeunes de la région acquéraient de l'expérience et de la confiance en eux, ils se sont fixé des objectifs plus élevés, ont même mis sur pied un réseau de tutorat et un ser-vice de consultation, visant entre autres la prévention du suicide.

Ils ont identifié les besoins en ce qui a trait à l'emploi, en particulier aux emplois d'été, ont pris conscience que le petit milieu des affaires de Plessisville ne pouvait pas régler tous leurs problèmes d'emploi, et c'est ainsi qu'ils ont appris à se faire hommes et femmes d'affaires et à créer leurs propres petites entreprises.

Minuscule au départ, le mouvement a pris de l'expansion, jusqu'à occuper un bureau à la polyvalente La Samare! Bientôt ces jeunes ont obtenu des prêts et des bourses de diverses compagnies de la région, d'agences de développement, du ministère de la Santé et des Services sociaux, de fondations, du conseil scolaire et même de la police. Un représentant d'une fondation montréalaise, étonné de voir des jeunes de 14 ans engagés dans un tel projet, parfaitement capables d'organiser des réunions, de faire des procès-verbaux, de créer un conseil d'administration, a confié à Gilles Cayer qu'il était « sur un petit nuage »! « Il n'avait tout simplement jamais rien vu de pareil! »

Gilles Cayer ne se voit pas le moins du monde comme un directeur général (ce qu'il est pourtant!) ou comme un animateur, mais bien comme un accompagnateur, qui se tient aux côtés des jeunes et les accompagne dans leurs démarches, leurs entreprises, leurs rêves qui deviennent progressivement réalité. « Il y a une part du projet qui est visible par tout le monde dans la communauté, je parle ici des activités sociales, culturelles, sportives, mais il y a quelque chose d'au moins aussi important : ce sont les liens qui se créent entre ces jeunes et tous ceux qui leur fournissent conseils et appui. » Parmi ces conseils, notons l'insistance avec laquelle Cayer a incité certains jeunes à présenter une demande au programme de bourses d'excellence du millénaire.

La mission de Partenaires 12–18 consiste, redisons-le, à « accompagner les adolescents de 12 à moins de 18 ans afin de les rendre aptes à développer leurs capacités à identifier et à répondre à leurs besoins, à soutenir leur participation active dans leurs communautés rurales avec leurs parents et les différents acteurs locaux, et à reconnaître la contribution des jeunes ». Il faut dire que la municipalité régionale de comté de l'Érable est devenue à cet égard un modèle pour toutes les autres organisations membres du réseau à travers le Québec.

Et quel impact a eu Partenaires 12–18 pour les gens de la région? La réponse est sans équivoque et nous vient une fois de plus de Gilles Cayer : « la délinquance a atteint pratiquement le point zéro. Et il n'y a pas si longtemps, Partenaires 12–18 a fait l'objet d'une étude scientifique. » Et il insiste sur le mot sci-en-ti-fi-que! « L'étude a démontré que les jeunes liés au projet sont revenus dans leur communauté après avoir complété leurs études à l'extérieur. Plus de 66 % d'entre eux demeurent engagés dans les services à la communauté, peu importe où ils sont maintenant établis. Plus de 90 % exercent leur droit de vote, alors que la moyenne pour le même groupe d'âge est d'environ 50 %. Et plus de 90 % de ces jeunes sont fiers d'avoir été reconnus pour ce qu'ils ont fait et avouent que cette reconnaissance les a amenés à poursuivre dans la même direction. »

Deux des étudiants à qui Stéphane LeBlanc remettait une bourse d'excellence du millénaire dans l'auditorium de la polyvalente avaient participé au projet Partenaires 12–18. Il s'agit de Sophie Boutin et de Chloé Marcoux.

S'il y a une morale à cette histoire qui réunit La Samare, Partenaires 12–18 et la petite municipalité de Plessisville, c'est que les communautés rurales ont intérêt à prendre soin de leurs jeunes si elles veulent survivre! C'est sur leurs frêles épaules que repose l'avenir. Quelques années après sa graduation, l'ado que l'on a connu avec son skate-board, la casquette vissée sur la tête et branché sur son iPod, devient un scientifique, un enseignant, un entrepreneur, un médecin : un citoyen adulte, en mesure d'apporter beaucoup à sa communauté. Si tous ces jeunes développent un sentiment d'appartenance à leur milieu, s'ils se sentent respectés, s'ils sentent qu'on croit en eux, qu'on leur a donné tout ce qu'il fallait pour croître et s'épanouir, il y a de fortes chances pour qu'ils décident de revenir vivre dans cette petite ville, dans ce village où ils ont grandi, d'y élever leurs enfants et de créer à leur tour un environnement propice à l'éclosion des talents et porteur d'avenir.

C'est un cercle... vertueux! Et cela commence à l'école, dans la communauté et dans les liens créés entre l'école et la communauté. Et au bout du compte, le nombre renversant de bourses d'excellence décernées à des élèves de la polyvalente La Samare de Plessisville devrait servir d'exemple positif.

La directrice Danielle Béliveau conclut en insistant sur le fait que « si on devait cesser les activités scolaires et parascolaires, c'est toute la communauté qui en souffrirait. Il faut absolument oublier notre vieille façon de penser et cesser de croire qu'on donne juste pour mieux recevoir par la suite. À Plessisville, le mot "donner" a un sens bien particulier : je donne à la communauté et elle me donne en retour; les gens donnent aux jeunes, ils donnent du temps, de l'argent, des responsabilités, de l'appui, et les jeunes, eux, donnent leur confiance... et ça, ça n'a pas de prix! »

Selon l'expression consacrée, il faut apprendre à « donner au suivant ». À Plessisville, il y a longtemps qu'on a compris ça!

> *six*

L'OMBRE DE LA FONDATION

. . . .

R IEN NE garantissait que la Fondation étendrait ses activités au-delà de la période de dix ans prévue par la Loi d'exécution du budget de 1998... et personne n'a non plus oublié les remous énormes engendrés par sa création en 1999. Mais plus on approchait de la date butoir, au-delà de laquelle le sort de la Fondation devenait incertain, plus les provinces, qui avaient pourtant émis de très sévères critiques à son endroit, commençaient à se préoccuper de son avenir. La Fondation avait été créée sous une administration libérale. Est-ce qu'un gouvernement conservateur allait renouveler son mandat? Dans le cas où cesseraient les activités de la Fondation, un autre programme allait-il prendre la relève?

« Rappelons que nous avons au Canada un Comité consultatif intergouvernemental sur l'aide financière aux étudiants (CCIAFE), souligne le responsable de l'aide financière aux étudiants de la province du Manitoba, Tom Glenwright. Ce comité consultatif tient des consultations permanentes sur l'élaboration des politiques et des programmes. Il est formé de représentants des gouvernements fédéral, provinciaux et territoriaux responsables de l'aide financière aux étudiants, ainsi que des représentants du Programme canadien de prêts aux étudiants. Ces derniers se rencontrent au moins deux fois l'an afin de discuter des critères administratifs de base et de coordonner leurs politiques et leurs programmes respectifs. De plus, le CCIAFE forme des groupes de travail fédéraux, provinciaux et territoriaux en vue d'aborder certains enjeux particuliers relatifs à l'aide financière aux étudiants. Lorsque je présidais le conseil, il y a quelques années, nous avons demandé par écrit au fédéral de prolonger l'existence de la Fondation. Nous savions que c'était une bataille perdue d'avance, mais nous avons tout de même déployé des efforts en ce sens. Toutes les provinces et tous les territoires ont uni leurs voix, convaincus que le fédéral devait accorder un mandat supplémentaire de dix ans à la Fondation, et que tous en bénéficieraient. »

Le document du CCIAFE soulignait la flexibilité dont la Fondation avait fait preuve dans ses rapports avec les provinces et les territoires. « La disparition de la Fondation, poursuivait le document, sonnerait le glas d'un mécanisme de financement qui répondait aux besoins et aux conditions particulières de chacun. » La distribution des bourses du millénaire à la suite de la conclusion d'ententes particulières « permettait d'allouer le financement de façon originale dans chaque cas, en répondant aux besoins et aux conditions spécifiques de chacun ».

En d'autres mots, les provinces ont apprécié la manière avec laquelle la Fondation a offert aux étudiants la possibilité d'acquérir la formation postsecondaire nécessaire pour relever les défis de l'avenir; comment elle a su améliorer l'accès aux études postsecondaires pour tous les Canadiens, et en particulier pour ceux qui se heurtent à des obstacles économiques ou sociaux; comment elle a suscité chez les étudiants un degré élevé de réussite et d'engagement au sein de la société; comment elle a su former à l'échelle nationale une alliance d'organismes et de personnes fondée sur une action concertée dans le domaine de l'éducation postsecondaire; et comment enfin elle a su, pour parvenir à ses fins, respecter les différences et les particularités à travers le pays.

Faisant écho à ces inquiétudes, le fil du service de presse Canwest annonçait, tout juste avant le dévoilement du budget de 2008, qu'aux yeux des provinces « le programme fonctionnait très bien, que l'on s'inquiétait de son démantèlement possible et que l'on craignait que l'argent ne soit détourné vers un autre programme gouvernemental fédéral ».

Le ministre de l'Éducation du Nouveau-Brunswick, Kelly Lamrock, occupait à l'époque la présidence du Conseil des ministres de l'Éducation (CMEC) et de la Conférence des ministres de l'Éducation ayant le français en partage (CONFEMEN). Il déclara alors : « Compte tenu du fait que le gouvernement fédéral ne nous a pas permis de croire en une volonté d'effectuer une réforme, je serais étonné et fort déçu d'apprendre qu'il y aura quelque changement que ce soit à la situation actuelle. Je pense que tout pas dans une autre direction constituerait... un faux pas. »

Dix jours plus tard, le 26 février 2008, le Gouvernement du Canada fit ce pas... dans une autre direction.

Le budget de 2008 du ministre des Finances Jim Flaherty prévoyait que la Fondation canadienne des bourses d'études du millénaire allait cesser ses activités au début de l'année 2010 : « Notre gouvernement investira dans un nouveau Programme canadien de prêts aux étudiants : un seul programme qui respectera totalement les compétences des provinces. Il accordera un soutien plus grand à un plus grand nombre d'étudiants et durant un plus grand nombre d'années d'études. Au moment de la dissolution de la Fondation, notre gouvernement accordera la somme de 350 millions de dollars au Programme canadien de prêts aux étudiants pour l'année 2009–2010, et cette somme atteindra les 430 millions en 2012–2013. Cela permettra de soutenir financièrement quelque 245 000 étudiants issus de familles à faible revenu ou de la classe moyenne, soit 100 000 de plus que ce que le précédent programme permettait d'atteindre. »

Fin de la Fondation canadienne des bourses d'études du millénaire. Stupéfaction au sein de l'équipe, qui avait mis au point des méthodes innovatrices pour travailler en collaboration avec les provinces, qui avait bâti tout un réseau de jeunes talentueux et porteurs d'avenir. La Fondation avait créé des programmes efficaces et ce, à des coûts administratifs minimums. Les économies ainsi réalisées ont été réinjectées afin d'accorder toujours plus de bourses. L'équipe estimait avoir fait du bon travail et avoir accompli une tâche plus que méritoire. Et voilà que le couperet s'abattait sur leurs têtes.

Il s'est alors trouvé des gens pour dire que l'équipe de la Fondation avait fait montre d'optimisme béat et de grande naïveté en croyant que son mandat allait être reconduit. D'autant plus que tous, même au sein de la Fondation, n'étaient pas convaincus que cela aurait été une bonne chose. Certains disaient même que le succès de la Fondation résidait peut-être précisément dans la non-permanence de cette initiative, qui ne devait durer que dix ans et pas davantage. Norman Riddell s'était opposé à l'idée d'utiliser les boursiers pour faire la promotion de la Fondation, même si Jean Chrétien s'est étonné par la suite que l'on n'ait pas fait appel à tous ces étudiants auxquels la Fondation avait donné un sérieux coup de pouce. Une opinion partagée par l'ancien premier ministre de la Saskatchewan Allan Blakeney, membre du conseil d'administration durant de longues années, qui croit lui aussi que des milliers de lettres de boursiers auraient pu peser dans la balance. En fait, la Fondation n'a pas démontré cet instinct de survie propre à beaucoup d'organisations mises en péril.

« Je ne suis pas du tout sûr qu'il aurait été heureux de développer un tel instinct, dit Norman Riddell. Le conseil d'administration estimait qu'on lui avait confié de l'argent et une tâche, tâche que nous avons accomplie le mieux possible. Nous n'étions pas là pour dire au gouvernement quoi faire. Aussi, nous n'avons pas lancé de campagne de lobbying et n'avons pas répété à qui voulait l'entendre que l'on devait renouveler notre mandat, que l'aide aux étudiants sous forme de bourses était indispensable, tout comme il était essentiel que soit sauvegardé un programme de bourses d'excellence pour reconnaître et encourager l'élite de demain. Nous n'avons pas clamé sur tous les toits que la recherche était primordiale et qu'il était capital, à travers des projets pilotes, de tester de nouvelles méthodes d'intervention. Non, nous nous sommes contentés de dire : mission accomplie! L'essentiel n'est pas que la Fondation soit préservée, mais que les acquis de la Fondation soient maintenus. Le conseil n'a jamais confondu la survie de l'organisme et sa mission. »

Ce qui était primordial aux yeux de Norman Riddell, c'était que la mission de la Fondation soit sauvegardée, pas forcément la Fondation elle-même. Mais tout n'était pas aussi simple. Il y a peut-être un lien naturel entre la mission et l'organisation qui la met en œuvre. Peut-on par exemple affirmer que les Canadiens ne voulaient pas d'un programme national de bourses d'excellence? Est-ce qu'il n'aurait pas été logique, au nom de la mission, que ce programme de bourses ait été promu, vanté, ait fait l'objet d'un marketing? Les Canadiens se rendent-ils compte de ce qu'ils ont perdu?

On chuchote à travers les branches que « la Fondation avait un problème d'image. Elle faisait deux choses bien différentes en même temps. Elle pilotait un programme de bourses d'excellence et distribuait des bourses fondées sur le strict besoin financier. Si la Fondation s'était concentrée sur la seule mise sur pied d'un réseau national d'excellence, elle aurait créé l'équivalent canadien des bourses Rhodes, et tout le monde l'aurait su. La Fondation n'a pas parue essentielle aux yeux des Canadiens et elle en est responsable. »

Mais, quoi qu'il en soit, au début de 2008, le gouvernement fédéral avait statué : la mission—ou, en tout cas, une partie de la mission—allait être maintenue, mais pas la Fondation. Chapitre clos!

Après l'annonce du budget, Norman Riddell a réuni l'ensemble du personnel. Un jeune membre de l'équipe se souvient : « il a pris la parole, et, à un moment, on a tous senti qu'il avait des trémolos dans la voix, qu'il était vraiment ému. Cela nous a ému à notre tour. On a alors vraiment senti qu'il se préoccupait de nous, qu'il voulait qu'on sache que la Fondation ne nous laisserait pas tomber. »

Quoique ébranlé par la décision du gouvernement et certes habité par des sentiments complexes, Riddell émit une réponse franche et rationnelle, une réponse en forme de question : Qu'est-ce qu'on fait maintenant? Puisque la Fondation va disparaître, il faut veiller à ce que d'autres organismes prennent la relève et finissent ce que l'on a entrepris. Il faut veiller à ce que tout ce que nous avons appris au fil de ces dix ans (sur l'aide aux étudiants, le fédéralisme, l'accès, l'action sociale et le leadership) serve à quelque chose. Il faut s'assurer que tous ceux qui vont perdre leur emploi vivent cette transition de la façon la moins pénible possible. En un mot : il ne faut pas laisser d'épaves derrière nous et peut-être faut-il songer à faire appel à un écrivain pour signer l'histoire de cette foi en l'avenir que la Fondation a incarnée.

Il y avait cependant une bonne nouvelle dans tout cela, que Norman Riddell n'a pas manqué de souligner. Le budget fédéral renforçait sa présence dans le champ de l'aide financière aux étudiants en créant un nouveau programme fondé sur le besoin financier des étudiants les plus démunis, ce dont la Fondation s'était fait l'apôtre pendant toute son existence. C'était, aux yeux de Riddell, une preuve de plus de l'utilité de la Fondation.

Franca Gucciardi souligne que « nous avons toujours su que notre mandat n'était pas éternel. Nous disposions d'une importante somme d'argent et d'une période de dix ans pour le dépenser au profit des étudiants. Nous avons très vite compris que notre travail allait modifier le paysage de l'aide financière au pays. Évidemment que nous étions déçus que tout cela ne se poursuive pas, mais le renouvellement du mandat n'avait jamais été à l'ordre du jour. La Fondation devrait être plutôt évaluée sur ce qu'elle a accompli. »

« Mais, à mes yeux, déclare l'Auguste Personnage, à partir du moment où une organisation comme la Fondation fait le travail, même s'il y a encore des choses à corriger, pourquoi la détruire et reconstruire quelque chose de similaire, ailleurs? Pour moi, ça n'a pas de sens. Je suis pas mal conservateur—avec un petit « c »!—à cet égard, mais je serais plutôt du genre à dire : bâtissez sur les acquis et perfectionnez la belle machine que vous avez déjà! En plus, vous vous imaginez combien ça peut coûter d'abolir un organisme et d'en rebâtir un autre, qui va faire à peu près la même chose? C'est de la folie! »

Opinion partagée par l'Association pour une solidarité syndicale étudiante (ASSÉ), le Conseil québécois des syndicats universitaires (CQSU) et la Table de concertation étudiante du Québec (TACÉQ) qui, le 5 janvier 2010, journée de fin de mandat de la Fondation canadienne des bourses d'études du millénaire, manifestaient par voie de communiqué leur mécontentement.

L'AVENIR DU programme de recherche était encore incertain au moment où s'achevait le mandat de dix ans de la Fondation. On croyait même qu'il était appelé à disparaître, mais en avril 2009, l'Université de Victoria proposait de créer un réseau canadien de recherche sur l'accès et la réussite au postsecondaire, un réseau indépendant de chercheurs de tous les coins du pays, dont le point de ralliement serait donc Victoria. Le coût de cette opération serait de 10,5 millions de dollars par année et aurait cinq objectifs principaux : l'identification des problèmes à résoudre, l'analyse des freins et des incitatifs aux études postsecondaires, l'évaluation de programmes, la création de projets pilotes et la transmission de l'information.

Ces objectifs vous semblent familiers? N'était-ce pas là quelques-uns des objectifs du programme de recherche de la Fondation? En effet, l'un des buts premiers de ce nouveau réseau serait d'établir « une transition harmonieuse entre le programme du millénaire et le nouveau réseau de recherche afin d'assurer continuité et efficacité. » Une continuité à laquelle tient tout particulièrement Norman Riddell : « Si on ne poursuit pas la recherche, tous nos efforts auront été vains. Nous pouvons désormais mettre en pratique le fruit de toutes les recherches effectuées. Si tout s'arrête ou est mis en veilleuse pendant une trop longue période de temps, on risque de devoir tout reprendre à zéro! »

164

LE PROGRAMME de bourses d'excellence est appelé pour sa part à disparaître et devra donc être reconstruit, si un jour le besoin se fait sentir.

« Ce que je disais à propos du programme de recherche s'applique aussi au programme de bourses d'excellence : si tout en mis sur la glace pendant trois ou quatre ans, vous revenez au point de départ, dit Norman Riddell. Personne ne peut investir une somme de 15 millions par année si ce n'est le gouvernement du Canada, ce dont vous avez besoin pour faire fonctionner un tel programme. Ce n'est pas si cher après tout quand on pense aux bénéfices qu'on en tire. Mais comme ce n'est pas l'actuel gouvernement qui en a eu l'idée... »

En effet, 15 millions de dollars pour soutenir toute une génération de cerveaux, ce n'est pas si énorme. Si le Canada ne peut pas ou ne veut pas consacrer cette somme à son élite de demain, c'est tout le pays qui risque d'en souffrir et de s'appauvrir à un plus ou moins long terme.

Mais, entre-temps, il faut se réjouir en se disant que l'un des plus beaux héritages du programme de bourses d'excellence restera le Réseau des anciens du millénaire. Le Réseau des anciens du millénaire est un réseau en ligne qui réunit plus de 2 000 anciens ou *boursiers* « qui partagent des connaissances, des informations quant aux possibilités d'emploi et échangent sur leurs passions et défis respectifs ». Au cours de ses dernières années d'existence, la Fondation a déployé d'importants efforts pour réunir ses anciens boursiers en réseau afin qu'ils participent à son élaboration et à son développement. Le réseau a vu le jour en 2006, a réuni des diplômés de cinq villes canadiennes (Québec, Ottawa, Winnipeg, Edmonton et Vancouver) mais aussi de Boston aux États-Unis, d'Angleterre et même du Cambodge! Il est constitué d'étudiants gradués, de futurs médecins, de stagiaires parlementaires, de chargés de communications, de membres de Voyageurs du monde et de mordus de plein air, et leurs intérêts sont multiples, allant du droit de la famille à l'industrie de l'aluminium en passant par la recherche sur le VIH/SIDA.

Selon Chad Lubelsky, qui a conseillé le groupe, « ces jeunes diplômés, qui ont tous en commun d'avoir reçu une bourse d'excellence, sont en train de tisser une toile dont le fil, pour reprendre leur propre terme, constitue une "force créatrice". Ils ont particulièrement à cœur de faire de leurs communautés respectives des lieux où il fait bon vivre. Pour cela, ils mettent leurs connaissances et compétences en commun, et, plus encore, rendent disponibles ces connaissances et compétences. Si votre organisme a besoin d'un plan d'affaires, par exemple, vous le faites savoir, et il se trouvera sûrement quelqu'un dans le réseau pour répondre à votre demande ou identifier quelqu'un qui sera en mesure de le faire. »

Dan Jacobs, un ancien, aujourd'hui responsable du développement des programmes chez Telus, manifeste un enthousiasme sans mélange : « Ce réseau est formidable en ce qu'il nous garde toujours sur la ligne de feu! Grâce à lui, vous êtes constamment en contact avec des chefs de file dans leur domaine respectif et qui sont d'un dynamisme fou! Je suis inscrit au réseau, et vous pensez bien que je vais le rester! C'est là aussi une caractéristique intéressante du Réseau des anciens du millénaire : les gens qui en font partie sont dans la vingtaine et donc à l'aube de leur vie professionnelle. »

Nous sommes réunis dans une salle de conférence d'un hôtel de Montréal, et il y a là environ 90 anciens, tous désireux de voir le réseau s'implanter et s'étendre. Dan Jacobs ajoute : « Imaginez-nous dans vingt ans. Nous occuperons alors des postes dans les domaines les plus divers : les affaires ou la médecine, l'agriculture ou l'éducation. Et imaginez l'extraordinaire réseau dont nous pourrons alors bénéficier! Il suffira alors de décrocher le téléphone pour rejoindre l'une ou l'autre de ces personnes ressources. En un sens, conclut-il, le Réseau réinvente le sens du mot "tribu" : il rassemble une grande et nombreuse famille, d'autant plus puissante et influente qu'elle réunit les forces de tous ses membres... et l'énergie de la jeunesse! »

APRÈS LA dissolution de la Fondation, la mission consistant à soutenir les programmes qui inspirent, motivent et aident les étudiants à accéder à des études postsecondaires sera celle du Partenariat canadien pour l'accès aux études postsecondaires (PCAEPS), un réseau composé de services communautaires d'accès, d'écoles, d'établissements postsecondaires, d'organismes sans but lucratif, d'employeurs et d'autres entités et d'individus, tous unis dans le but d'aider les jeunes et les moins jeunes à surmonter les obstacles qui les empêchent d'accéder à une formation postsecondaire et, bien sûr, de la réussir.

Norman Riddell le proclame haut et fort : « La Fondation a permis de nous rendre compte que l'accès aux études postsecondaires n'était pas qu'une question d'argent et qu'un organisme gouvernemental ou même une Fondation comme la nôtre ne détient pas toutes les clés de la réussite. La société civile doit aussi jouer un rôle très important. Tous l'ont dit et répété avant moi : c'est dans la communauté que cela se passe, c'est très souvent dans la communauté que les gens trouvent l'élan et les appuis nécessaires pour réaliser leurs rêves. D'où la volonté de nous unir au YMCA (Young Men's Christian Association), voué, comme on le sait, à l'épanouissement de toutes les personnes sur les plans spirituel, intellectuel et physique, ainsi qu'à l'accroissement du sens de la responsabilité de chacun envers son prochain et envers la communauté. »

« Le réseau des YMCA, explique Diana Wickham, qui a dirigé ce projet, possède quantité de partenaires exceptionnels, intervient dans tous les types de communautés, s'adresse tout autant aux jeunes qu'aux adultes. Ses programmes touchent l'emploi, l'accueil des immigrants, le leadership des jeunes, de même que les loisirs. C'est le "Y" qui a fondé l'Université Sir George Williams. C'est dire à quel point l'éducation fait partie intégrante de son mandat. »

Créé à Londres en 1844, le YMCA est un organisme de bienfaisance voué à la santé des particuliers et des collectivités. L'accent mis sur le caractère inclusif et l'accessibilité signifie que le YMCA est au service de tous, sans distinction d'âge, de condition sociale ou de capacité. Grâce à ses programmes d'aide financière, l'organisme est accessible à l'ensemble de la population. Au Canada, on compte pas moins de 45 YMCA et 8 YMCA-YWCA, qui offrent des programmes et des services façonnés selon les besoins de leurs communautés. Ensemble, ils sont au service de 1,8 million de personnes dans plus de 250 communautés canadiennes, et leur nombre ne cesse de croître.

Le Partenariat canadien pour l'accès aux études postsecondaires (PCAEPS) a donc été mis sur pied en 2008 par la Fondation et le YMCA du Grand Toronto dans le but de « créer un réseau national d'organismes et de particuliers qui s'engagent à favoriser l'accès et la réussite aux études postsecondaires, à aider les communautés et les organismes à réunir les ressources qui leur permettront d'offrir des programmes et des services d'accès et de réussite aux études postsecondaires, à concevoir et à offrir aux membres et partenaires du Réseau différents services, à assurer un leadership sur toutes les questions liées à la promotion de l'accès à l'échelle nationale, provinciale et locale et, enfin, à élaborer et à mettre sur pied des campagnes nationales de financement et à soutenir les efforts de financement communautaire connexes afin de mettre en place de services d'accès communautaire locaux durables et de constituer un fonds de dotation pour le PCAEPS. »

Aux yeux du Partenariat, « l'éducation peut contribuer à la force et à la prospérité d'un pays. Elle est la clé du progrès économique. Malgré cela, nombre de Canadiens talentueux et méritants n'ont pas accès à l'éducation qui les aiderait à bâtir une société meilleure. Tandis que plus des deux tiers des nouveaux emplois exigent une formation postsecondaire, quatre Canadiens sur dix n'obtiennent pas de diplôme d'études postsecondaires. » Par conséquent, le réseau du PCAEPS s'est donné pour but de canaliser les efforts afin d'améliorer l'accès et la réussite aux études postsecondaires au Canada, en mettant à profit les différents établissements du « Y » à travers le pays. Il vise en premier lieu les gens qui sont les premiers dans leur famille à entreprendre des études postsecondaires de même que les étudiants autochtones, les étudiants provenant de milieux défavorisés ou habituellement sous-représentés dans les institutions postsecondaires. Le PCAEPS constitue en outre un forum international d'échange et de collaboration grâce à une coopération avec des groupes outre-frontières comme le National College Access Network (NCAN—États-Unis) et le European Access Network (Europe).

169

L'initiative est dirigée par le YMCA du Grand Toronto, en collaboration avec un conseil fondateur de dirigeants des milieux de l'enseignement et des affaires.

Grâce à un fonds de démarrage, à de la formation et à un soutien technique assurés par la Fondation sur une période de trois ans (2007–2009), le YMCA a mis sur pied des Centres d'accès aux études postsecondaires dans 12 villes du pays. Ces sites offrent le programme *On y va*, du PCAEPS (www.onyva. ca). D'autres projets d'accès associés au PCAEPS sont en cours de réalisation au sein de différentes communautés, y compris des initiatives lancées dans le cadre du premier *Défi communautaire de l'accès aux études postsecondaires* ainsi que des projets en Colombie-Britannique, en Saskatchewan et au Québec.

En juin 2008, le YMCA s'associait à la Fondation pour les sites pilotes de niveau 2 dans les villes de Prince George, Vancouver, Calgary, Régina, Winnipeg et Québec. Au même moment, la Société GRICS Technologies au service de l'éducation signait un contrat avec la Fondation pour la mise en place d'un service de consultation en ligne, appelé *Osez les études* et lancé en décembre 2008. Le service était associé aux sites pilotes *On y va* du YMCA du Québec.

En août 2008, Ernst & Young, l'un des principaux cabinets d'audit et le troisième réseau mondial en termes de chiffre d'affaires, devient le partenaire bénévole national du programme *On y va* et s'emploie à accroître son rôle de première société commanditaire en multipliant les efforts pour sensibiliser les gens à l'importance du bénévolat au bénéfice du PCAEPS. Le cabinet cherche aussi à obtenir l'engagement d'autres chefs de file du secteur privé ainsi qu'à augmenter le nombre de partenaires du Réseau du PCAEPS. Bientôt l'engagement bénévole d'Ernst & Young s'étend à Toronto, Calgary, Vancouver, Halifax, Saint-Jean, Edmonton et Winnipeg, et plus de soixante de ses employés deviennent bénévoles d'entreprise du YMCA.

« Ernst & Young investit financièrement dans le partenariat, précise Diana Wickham, responsable du développement à la Fondation, mais surtout encourage ses employés a s'impliquer personnellement. À Calgary par exemple, certains d'entre eux réunissent des jeunes dans les bureaux de E & Y une fois par mois pour leur parler de l'entreprise et discuter de façons de financer leurs études postsecondaires. Plus de 150 employés de la compagnie ont ainsi reçu une formation et ils ont été en contact avec près de 8 500 jeunes à travers le pays. »

En octobre 2009, le Partenariat canadien pour l'accès aux études postsecondaires tenait sa conférence inaugurale *Grands esprits, collectivité responsable* à Toronto. Il tenait sa première réunion publique et invitait les particuliers et organismes qui le souhaitaient à en devenir membres. Le PCAEPS organisait le premier Défi communautaire de l'accès aux études postsecondaires, parallèlement à la conférence.

En décembre 2009, Fusion Jeunesse (Québec) lançait de son côté un projet pilote avec la Nation Crie dans le Nord du Québec dans le cadre du PCAEPS. Fusion Jeunesse collaborera avec les écoles de Waskaganish et Waswanipi afin d'élaborer des projets innovateurs qui solliciteront la participation des étudiants autochtones, encourageront l'achèvement des études secondaires et permettront d'ouvrir la voie aux études postsecondaires.

Notons enfin qu'au moment de sa fermeture, le 5 janvier 2010, la Fondation canadienne des bourses d'études du millénaire aura investi quelque 3,2 millions de dollars pour soutenir le lancement des sites pilotes et de projets à travers le Canada ainsi que le développement et le lancement du réseau des pratiques exemplaires du Partenariat canadien pour l'accès aux études postsecondaires.

LE PROGRAMME de bourses du Conseil mondial du pétrole a pour sa part pris fin avec la dissolution de la Fondation. La Fondation avait distribué 1 619 bourses d'un montant total de

4,8 millions de dollars par l'entremise de ce programme à la fin de 2009. Diverses options sont toujours envisagées pour l'utilisation des quelques 300 000 $ restant, dont le réinvestissement dans le Partenariat canadien pour l'accès aux études postsecondaires. Cet argent pourrait servir à financer un projet pilote à Calgary ou encore, comme l'indique Randolf Harrold, être versés sous forme de bourses à des étudiants intéressés par l'industrie pétrolière. C'est ainsi, par exemple, que la Fondation a organisé en 2008 un concours auprès des récipiendaires de bourses du Conseil mondial du pétrole et que les gagnants ont pu assister à la conférence du Congrès mondial du pétrole qui se tenait à Madrid.

NORMAN RIDDELL aura 65 ans lorsque le rideau tombera sur la Fondation. Les problèmes de santé qu'il a éprouvés récemment pourraient nous faire croire qu'il est mûr pour la retraite. « Que non, s'exclame-t-il, indigné! Mon seul souhait est de pouvoir relever un autre défi de taille. Quand j'y réfléchis, je me rends compte à quel point la Fondation a représenté une aventure exceptionnelle. Pensez donc! Je n'aurais jamais eu autant de plaisir et autant l'impression d'être utile en travaillant, je ne sais pas moi, pour une compagnie de dentifrice! À la Fondation, *cela valait la peine!* »

Stéphane LeBlanc et sa conjointe sont tous deux des Acadiens de Shédiac au Nouveau-Brunswick. Ils ont un jeune fils et des grands-parents dont ils prennent soin. Stéphane connaît évidemment très bien la situation de l'emploi dans sa province. Pour l'instant, son indemnité de départ lui permet de rester à la maison avec le petit, de « voir venir » comme on dit, et de chercher à Moncton un emploi aussi excitant que celui qu'il avait à la Fondation.

Pour Melissa Moi et son mari, voilà l'occasion de partir pour l'étranger pour un petit bout de temps. Hong Kong peut-être, où ils envisagent vivre quelques années. Comme elle dit, « perdre son emploi quand tu n'as même pas trente ans peut représenter une occasion rêvée de te botter le derrière et d'oser quelque chose de complètement nouveau. Nous n'avons pas d'enfants, personne à notre charge, pas de maison, pas de réelles attaches. Nous n'avons rien à perdre! Il y a cinq ans je n'aurais peut-être pas eu le courage de me jeter à l'eau. Et dans cinq ans je serai peut-être devenue plus frileuse. C'est donc le moment ou jamais. Ça me fait un peu peur, mais il faut oser! »

Chad Lubelsky compte aussi voyager ou vivre à l'étranger « six mois ou même quelques années ». Mais il aimerait bien que son futur emploi ne l'oblige pas à voyager autant! « Je suis très heureux de la chance que j'ai eu de parcourir le pays comme je l'ai fait, mais il y a quelque chose de déstabilisant à voyager autant. Vous avez vu le film *Up in the air* de Jason Reitman avec George Clooney? » Chad songe louer un appartement à Buenos Aires, question de parfaire son espagnol, mais ses parents vivent à Montréal, alors il hésite à trop s'éloigner. Peut-être serait-ce l'occasion pour lui de faire un doctorat « en management ou dans une matière connexe comme le développement organisationnel, je ne sais pas encore très bien »... et d'ainsi mieux comprendre ce qu'il a appris sur le tas durant ses années à la Fondation. Il veut aussi maintenir les liens établis au fil des ans, pas seulement avec ses collègues, mais également avec les jeunes formidables qu'il a rencontrés. « Ils étaient extraordinaires et ont accompli de grandes choses. Peut-être qu'il y en a un parmi eux qui aura la grandeur d'âme de m'embaucher un de ces jours! »

Andrew Woodall a parfois l'impression qu'il ne trouvera jamais de travail équivalent. Natif de Montréal, il a eu une vie

173

professionnelle totalement épanouissante sans avoir jamais dû quitter sa ville. « J'ai eu la chance inouïe d'avoir des boulots que j'aimais, qui me permettaient d'apprendre, d'être en constant développement. Et, en plus, des boulots qui me permettaient de croire que je faisais quelque chose d'utile et, excusez la prétention, que je contribuais à rendre le monde meilleur. J'ai travaillé avec des gens tellement formidables que j'en ai développé des complexes! Qu'est-ce que je sais faire au juste? Bon, c'est vrai, je sais motiver les gens, mais est-ce que c'est une qualité, ça? On ne doute pas un seul instant que le « motivateur » exceptionnel qu'est Andrew Woodall trouvera un nouveau lieu d'expression et d'épanouissement.

« Au fil des années passées à la Fondation, dit Jean Lapierre, que ce soit à travers le programme de bourses d'excellence ou au gré de mes rencontres, j'ai pu voir à quel point les gens se donnaient sans compter. Avec un peu de chance, à la fin de mon mandat, je n'aurai pas besoin de gagner beaucoup d'argent pour vivre; je pourrais alors consacrer plus de temps au bénévolat. Et puis la Fondation m'a rendu particulièrement sensible à la question autochtone. Aussi, si je pouvais venir en aide à ces communautés, de quelque manière que ce soit, donner un soutien professionnel, partager mon expertise dans le champ des communications, cela me ferait grand plaisir. Cela fait bientôt 35 ans que j'œuvre dans ce domaine; le temps est venu pour moi de partager toute cette expérience acquise. »

« Dans ma vie j'ai vu quantité de gens se battre pour leurs idées et pour leur art, sans moyens financiers et, par conséquent, sans pouvoir aller au bout de leurs rêves, dit-il encore. Mais ce n'est pas toujours une question d'argent; c'est parfois une affaire de stratégie ou un manque d'expertise. Voilà pourquoi j'aimerais mettre sur pied une boîte de communications qui puisse fournir des conseils gratuits à des organismes à mission sociale. J'aimerais mettre à contribution certains de mes amis qui travaillent dans le domaine et constituer un groupe de professionnels qui œuvreraient gratuitement pour venir en aide aux gens, tout simplement parce qu'ils croient en leurs projets et croient être en mesure de leur donner un coup de main. »

Même si le navire est aujourd'hui arrivé au port, personne à bord ne semble pressé de descendre sur le quai ni se faire trop de mauvais sang quant à la vie après cette belle odyssée. Et personne n'a souhaité non plus s'embarquer trop vite pour une autre croisière. Il fallait d'abord prendre le temps de tirer une leçon de ces années à la Fondation, de faire le bilan de l'aventure. Oui, comme le disait Norman Riddell, *cela a valu la peine,* et il faut dorénavant s'assurer que ce qu'on a appris durant ces dix ans subsiste et continue à laisser des traces.

NUL NE saurait dire avec certitude quel impact aura eu la Fondation canadienne des bourses d'études du millénaire. Mais sans doute peut-on affirmer qu'elle aura permis à un plus grand nombre de Canadiens de prendre conscience de l'importance de l'accès aux études supérieures. Et que notre pays ne saurait entrevoir l'avenir sereinement sans permettre à l'ensemble de la population d'être éduquée et d'ainsi acquérir les outils nécessaires à son plein épanouissement. La Fondation aura aussi ancré dans les consciences l'idée selon laquelle l'aide aux étudiants ne saurait se résumer à une aide financière. Enfin, l'œuvre accomplie durant ces dix ans aura permis de repenser le système d'éducation national et de démontrer qu'il doit absolument tenir compte des différences régionales et culturelles, des contextes sociaux et économiques, de la diversité et des disparités, des traditions et des conditions de vie.

Andrew Parkin a raison de souligner que le succès de cette entreprise colossale est lié au fait que « la Fondation n'appartenait à aucun camp. Née du fédéral, elle n'en était pas moins indépendante du gouvernement central; non provinciale, elle demeurait en constante relation avec chacune des provinces. En lien direct avec les établissements scolaires de niveau collégial et universitaire, elle a pourtant changé la vie de quantité d'étudiants de niveau primaire et secondaire. À la fois au-dessus ou en deçà des divisions et des luttes de pouvoir, la Fondation est demeurée active à la base, sur le terrain, dans les communautés. Son seul but aura été d'ouvrir l'horizon du plus grand nombre possible de jeunes Canadiens, de leur permettre d'entrevoir l'avenir avec davantage de sérénité et d'assurance. »

La Fondation est peut-être morte, mais son fantôme n'a pas fini de nous hanter!

➤ *(un chapitre qui n'existe pas)*

LEÇONS À TIRER

. . . .

« FAITES-MOI UNE faveur, dit l'Auguste Personnage (rendu au même point que vous dans la lecture de ce livre), ajoutez un chapitre sur les leçons à tirer. Je donne parfois des conférences sur l'administration publique et je crois qu'il y a des leçons importantes à tirer de l'histoire de la Fondation. »

Un professeur émérite en sciences politiques réagit de la même manière et dit de la Fondation qu'elle incarne ce que les Américains appellent les « Skunk Works », décrits par Tom Peters, le gourou du management, comme « l'art d'évoluer rapidement, en dehors des sentiers battus, l'art de s'adapter, de saisir les opportunités et de sans cesse s'engager dans de nouveaux sentiers ». Peters se demande d'ailleurs pourquoi la Fondation a pu évoluer de cette façon. Est-ce que la personnalité et l'attitude de ses têtes dirigeantes ont déteint sur l'organisation? Ou est-ce parce qu'elle disposait de beaucoup d'argent et de très peu de temps pour en disposer, qu'elle possédait une structure souple et avait un but précis qu'elle a pu fonctionner de la sorte?

Ces questions sont cruciales parce que, comme le dit encore notre professeur émérite, « si ces raisons expliquent son efficacité, cela veut dire que ses façons de faire peuvent être appliquées ailleurs et que des résultats aussi concluants peuvent être obtenus par d'autres instances. Nous pourrions donc effectivement en tirer des leçons. »

Si Norman Riddell n'a pas l'habitude d'employer l'expression « Skunk Works », il n'en est pas moins d'accord avec ce que l'expression signifie. Il balaie aussi du revers de la main l'idée que la Fondation manquait, à ses débuts, cruellement de personnel. L'expérience n'a-t-elle pas démontré que, plus la structure est petite, plus elle est souple, adaptable et libre de ses mouvements! À la limite, Norman Riddell croit plutôt que la Fondation employait trop de monde et que la structure était trop lourde!

Enfin, bref, de telles questions ont-elles vraiment leur place dans un ouvrage comme celui-ci? Ne risque-t-on pas de blesser certaines susceptibilités? Quelles sont donc les leçons que l'Auguste Personnage souhaite que l'on tire de cette aventure?

« Eh bien, dit-il, je pense à des choses dont on ne parle pas habituellement : l'influence de la personnalité des gens, l'importance de certains individus. Je pense ici à Jean Monty, à Norman Riddell, à Alex Usher ou à Andrew Parkin, et de l'impact qu'ils ont eu. Il ne fait aucun doute que l'histoire de la Fondation aurait été toute autre sans eux. »

178   Oui, il y a une leçon à tirer : c'est qu'on ne peut dissocier les retombées d'une politique ou d'un programme des gens qui l'ont conçu(e) et mis(e) sur pied. Cela est d'une importance capitale, car la plupart des gens pensent que tout cela coule de source. Pourtant, la personnalité, l'humeur, le vécu de chaque bâtisseur influencent sa façon d'intervenir et de planifier. Ces facteurs auront donc une grande influence sur la façon dont

le programme sera articulé. Un programme n'est pas le résultat d'une génération spontanée : les gens qui le conçoivent, le mettent sur pied et l'administrent lui donneront toute sa couleur.

D'ailleurs, notre Auguste Personnage ajoute que, pour qu'un programme gouvernemental soit efficace, il faut du leadership et de l'énergie, deux qualités qui ne sont pas toujours évidentes aux yeux des bénéficiaires et du public. Le cynisme ambiant veut plutôt que ces qualités soient absentes du travail gouvernemental, mais les bureaucrates, pour anonymes qu'ils soient, ont tous une personnalité et ne manquent pas de caractère. Il attire du même souffle l'attention sur l'importance du travail d'équipe, de l'effort individuel et de la cohésion des équipes pour la réussite et la viabilité d'un programme.

Beaucoup de réussites restent dans l'ombre, alors que l'attention se porte généralement sur les échecs. Mais il faut garder en tête qu'il y a beaucoup de programmes gouvernementaux dont on n'entend jamais parler, précisément parce qu'ils fonctionnent bien.

Notre Auguste Personnage mentionne aussi l'importance d'adopter une perspective pancanadienne même dans les domaines de compétence provinciale, parce que la façon de délivrer les services publics doit tenir compte de la réalité de tout le pays en plus des similarités et des particularités de chaque province et territoire. Cette question est surtout perceptible quand on examine la question du *déplacement,* qui a préoccupé la Fondation tout au long de son existence. *Déplacement* : mécanisme par lequel un gouvernement provincial ou territorial se retire du financement d'un secteur à la suite de l'intervention du fédéral. À la lumière de sa vaste expérience, notamment au sein de la Fondation, Norman Riddell en est venu à la conclusion que la seule façon d'éviter cet écueil est de construire des programmes conjoints entre le fédéral et les provinces et territoires.

« Si l'histoire de la Fondation illustre si bien les difficultés inhérentes à notre structure politique, elle démontre aussi toutes les possibilités que peut offrir un fédéralisme d'ouverture qui fait place aux particularismes de chacune de ses constituantes. Un fédéralisme asymétrique offre de réels avantages. »

Par ailleurs, l'expérience a démontré qu'il est parfois préférable de ne pas réclamer trop fort la paternité d'une bonne idée. Or, l'idée de la Fondation était celle de Monsieur Chrétien; aurait-elle reçu un meilleur accueil si les provinces avaient pu se l'approprier? C'est d'ailleurs ce questionnement qui a déterminé la stratégie de communication de la Fondation à ses débuts, stratégie qui consistait alors à « ne pas faire de communications ».

Par ailleurs, les surplus budgétaires parfois si décriés n'ont-ils pas permis au gouvernement (et au premier ministre) de l'époque de faire preuve de créativité et d'imagination et de se libérer des contraintes propres aux relations intergouvernementales? L'exemple de la Fondation canadienne des bourses d'études du millénaire montre qu'un organisme peut rester autonome et être bien dirigé tout en répondant aux attentes du Parlement.

Norman Riddell confesse qu'il aurait bien aimé savoir au départ ce qu'il a appris en cours de route. Il constate l'extrême importance de la recherche et de la connaissance dans l'élaboration de programmes gouvernementaux. « Nous avons acquis une grande compréhension de la façon dont la structure d'un programme d'aide peut influencer le comportement des étudiants et leurs décisions de poursuivre ou non leurs études. Nous avons compris que l'argent n'est pas tout et que l'aide financière, aussi généreuse soit-elle, doit être assortie d'autres programmes si elle veut atteindre ses objectifs. L'avoir su dès le départ, nos programmes auraient peut-être été conçus différemment. Mais, comme il s'agissait d'un programme du *Millénaire*, il n'était pas question de consacrer d'abord cinq ans à la recherche pour commencer à distribuer des bourses en 2005. »

On passe trop souvent sous silence un des avantages du modèle de la Fondation. D'abord, celle-ci a pu initier une foule de projets pilotes afin de tester des programmes sur une petite échelle avant de les implanter à l'échelle nationale, ce qu'un organisme fédéral ne pourrait se permettre. Ensuite, sa liberté d'action lui a permis de faire fructifier sa dotation de départ et de distribuer 3,3 G\$ en bourses au cours des dix années de son mandat, alors qu'elle avait reçu un fonds de 2,5 G\$ à sa création.

Finalement, il est important, selon Norman Riddell, que la Fondation ait pu exister en dehors des structures politiques afin de pouvoir jeter un regard critique sur ses propres programmes et apporter les correctifs nécessaires sans grand délai et sans qu'une foule d'observateurs et de commentateurs demandent à la moindre occasion « la démission du ministre ». Dans les faits, elle a pu évoluer beaucoup plus comme une entreprise privée que comme un ministère, et cette liberté lui a été profitable de même qu'aux étudiants du pays.

Cette liberté a toutefois eu un prix quand est venu le temps de renouveler son mandat. Sans ministre responsable ni d'avocat au sein du gouvernement, elle n'avait personne à Ottawa pour intercéder en sa faveur. C'est malheureusement le lot de bien des organismes parapublics qui n'ont pas de poids politique.

Le professeur émérite acquiesce, tout en ajoutant du même souffle que la Fondation fut, d'une certaine façon, un échec politique. Elle n'a pas eu l'appui politique d'Ottawa et elle n'a pas correspondu aux attentes de son créateur. Jean Chrétien désirait

181

apporter une contribution appréciable au secteur des études postsecondaires, mais souhaitait également que son gouvernement obtienne en retour plus de visibilité et de crédibilité en ce domaine. Il ne les a pas obtenus. Il ajoute de plus que la relation de la Fondation avec le pouvoir fédéral perdait de l'importance au fur et à mesure qu'elle s'engageait dans des négociations homériques avec les provinces. Il se trouvera même des gens pour dire que les relations harmonieuses de la Fondation avec chacune des provinces ont été acquises au détriment de son lien avec Ottawa.

Pour Norman Riddell, tout cela montre comment il est difficile d'être à la fois l'ami du fédéral et celui des provinces. Il reconnaît que le gouvernement fédéral a exprimé une certaine déception en constatant que la Fondation ne lui apportait pas la visibilité souhaitée, mais, précise-t-il, « Monsieur Chrétien avait noté que la dette étudiante avait doublé au cours des dix années précédant la création de la Fondation, et il souhaitait absolument remédier à la situation. Or, la dette a cessé d'augmenter après 1999. On peut dire que, sur ce plan, il a gagné son pari haut la main. »

L'Auguste Personnage conclut en ces termes : « Ce que l'on doit retenir de toute cette histoire, c'est le pouvoir qu'a l'éducation de changer le monde. Les témoignages et anecdotes l'ont prouvé maintes et maintes fois. N'était-ce pas là, d'ailleurs, l'objectif ultime des créateurs de la Fondation? »

Et il a raison. L'histoire de la Fondation canadienne des bourses d'études du millénaire, c'est l'histoire d'une foi en l'avenir, c'est l'histoire d'une transformation. Et la plus belle de toutes ces transformations, c'est celle des étudiants qui, grâce à l'aide obtenue, ont pu laisser libre cours à leur imagination, exprimer leur créativité et leur audace, renforcer leur confiance en soi, accroître leurs compétences et devenir des figures majeures sur l'échiquier de notre pays, un pays qui, plus que jamais, leur appartient.

« Bon, bon…, ajoute l'Auguste Personnage, est-ce que de telles considérations ont leur place dans votre ouvrage, cher monsieur? Est-ce qu'il y a une place pour les leçons à tirer, pour la morale de l'histoire? »

Malheureusement, cher Auguste Personnage, il n'y a sans doute pas de place pour de telles considérations dans un ouvrage comme celui-ci.

› La Postérité

. . . .

« **N**OS BOURSIERS ne sont pas les leaders du Canada de demain, disait Melissa Moi, mais les leaders d'aujourd'hui! »

Un étudiant obtient son diplôme, arrive sur le marché de travail et contribue à l'essor de notre société.

En général, ainsi va la vie. Mais il y a des cas où cette contribution commence bien avant. Parfois, des étudiants utilisent les études postsecondaires comme levier, comme tremplin, comme bloc de départ pour avancer plus vite dans la voie qui est la leur depuis déjà un certain temps. Dans ce cas, l'obtention d'une bourse et l'admission à l'université ne sont que l'occasion de poursuivre une œuvre et d'élargir une influence. Ces étudiants ne rêvent pas de changer le monde, ils le changent déjà. Et le diplôme ne fait qu'ouvrir une fenêtre de plus vers un horizon qu'ils entrevoient déjà.

BEN BARRY appartient à cette race d'infatigables défricheurs. « J'ai fondé ma petite entreprise à l'âge de 14 ans, alors que j'étais en secondaire II. C'était une agence de mannequins grâce à laquelle je souhaitais redéfinir les critères de beauté, célébrer la beauté qui est à l'intérieur de chacun et faire en sorte que mon travail contribue à accroître l'estime de soi chez les gens. »

C'est l'indignation qui a amené Ben à avoir cette réflexion et à partir en affaires. Une amie dans une école secondaire d'Ottawa suivait un cours de mannequin et elle s'était fait dire de changer son apparence et de perdre du poids si elle voulait percer dans le métier.

« Moi je la trouvais très belle, qu'elle avait tout ce qu'il fallait pour devenir mannequin, qu'elle n'avait aucune raison de se plier ainsi aux diktats fixés par on ne sait qui. Alors j'ai commencé à prendre des photos d'elle et à les envoyer dans des magazines et des compagnies de la région. J'ai tout de suite reçu des appels de gens qui souhaitaient avoir recours à ses services et qui étaient convaincus que j'étais son agent. Moi? Ben, pourquoi pas, me suis-je dit! C'est comme ça que ça a commencé. »

Avec l'aide de *Child and Youth Friendly Ottawa/Ottawa : l'amie de la jeunesse,* « un organisme qui appuie les projets entrepris par les enfants et les jeunes , qui reconnaît leur capacité d'être des personnes ressources efficaces » et de contribuer à leur collectivité et leur pays, Ben organise une collecte de fonds qui prend la forme d'un défilé de mode sur la colline parlementaire « pour célébrer la beauté sous toutes ses formes, dans différentes cultures et pour secouer les canons traditionnels de la beauté ». D'autres jeunes liés à l'organisme *Ottawa : l'amie de la jeunesse* communiquent avec lui et lui demandent de leur venir en aide, que ce soit pour la création d'un magazine à l'école, pour de l'aménagement paysager ou pour installer un kiosque de bijoux au marché d'Ottawa.

Pendant ce temps, le premier mannequin de la nouvelle agence Ben Barry est ravi d'avoir obtenu un contrat et a suggéré au « patron » de faire un peu de recrutement! Ce qu'il fait. Ben commence à envoyer des photos d'autres ami(e)s qui souhaitent aussi devenir mannequin. C'est comme ça qu'il se retrouve un pied à l'école secondaire et un pied dans le monde de la mode... et qu'il se met à bâtir des ponts entre ces deux univers en apparence si éloignés l'un de l'autre.

« J'ai vite compris que les gens de l'industrie de la mode ont une conception plutôt étroite de la beauté et le choix des mannequins correspond bien sûr à ces critères. Et puis, en même temps, j'étais à l'école secondaire et je voyais bien que mes amis, les membres de ma famille, tous les gens autour de moi n'avaient absolument pas le physique des *top models* dans les publicités et sur les affiches. Je constatais que tous ces stéréotypes finissaient par avoir un impact sur eux, sur leur manière de se percevoir et sur leur estime de soi. Aujourd'hui, c'est le règne de l'image, on ne le sait que trop! Les images sont partout, sur Internet, les affiches, les autobus, dans les magazines, sur les campus universitaires, partout! Et ces images reproduisent toujours les mêmes standards. Cela finit par nous influencer. Alors, au départ, je souhaitais avec mon entreprise répandre de nouvelles images, à commencer par celles de mes proches. Ce que je voulais montrer, c'était une variété de corps : à des âges différents, venus de milieux différents, de cultures différentes, un éventail de types physiques, de tailles, de couleurs de peau. De nouvelles images! »

186 Après avoir complété ses études secondaires, Ben obtient une bourse du millénaire et s'inscrit en commerce à l'Université de Toronto. Il se rend vite compte qu'il en sait déjà beaucoup sur les affaires et qu'il aurait peut-être intérêt à s'inscrire en même temps dans une autre faculté. Il choisit les études féminines et ce fut là « une fort bonne décision. Cela a modifié considérablement mon approche des affaires. »

Il en vient à la conclusion que ce n'est pas sain pour ses mannequins de travailler à temps plein dans ce domaine, « parce que, dans ce métier, seule votre apparence physique a de la valeur! Et je crois pour ma part, ajoute Ben, que vous avez infiniment plus de succès et que vous êtes beaucoup plus créatif si vous exercez le métier en parallèle à vos autres activités, si vous nourrissez votre métier de mannequin de votre autre vie. C'est la raison pour laquelle les mannequins de notre agence proviennent de tous les milieux : ce sont des artistes, des étudiants, des avocats, des professeurs, des gens d'affaires, et on les encourage tous à mettre de l'avant leur personnalité, leurs traits de caractère, leurs signes distinctifs. Parce que, comme le disait si bien Jean Cocteau, ce qu'on te reproche, cultive-le, c'est ce qui te distingue des autres! »

Tout cela ne vous rappelle pas quelque chose? L'Initiative de vraie beauté et le Fonds de l'estime de soi du savon Dove peut-être? Eh bien sachez que Ben Barry, recruté par l'agence de publicité Ogilvy & Mather, a contribué à cette campagne en « prêtant » certains de ses mannequins... avec les résultats que l'on sait : en six mois, Dove a accru ses ventes de 700 %. N'est-ce pas là la preuve que le consommateur est prêt pour une autre manière de voir la beauté et pour des mannequins qui ne ressemblent pas toutes à Kate Moss! Oui, peut-être, mais il n'en reste pas moins que beaucoup d'autres compagnies et agences restent prudentes. Selon eux, les concepteurs de la campagne de Dove ont été chanceux : ça a marché parce que c'était la première campagne dans le genre, mais rien n'indique que ça fonctionnerait une deuxième fois, aucune approche « empirique » ne démontre que les consommateurs réagiraient toujours bien à des mannequins qui auraient l'air de « vrai monde »!

Ces réactions et commentaires fouettent Ben, qui poursuit ses recherches. Il s'inscrit à la maîtrise en philosophie à l'Université de Cambridge et dépose son mémoire en 2007. Aujourd'hui, en vue de l'obtention d'un doctorat, il dirige des groupes de recherche et effectue des sondages dans six pays (le Canada, les États-Unis, le Royaume-Uni, la Chine, l'Inde et le Brésil) et tente de vérifier si « des mannequins de taille, d'âge et de culture similaire au consommateur sont plus susceptibles d'accroître la consommation que des mannequins correspondant à l'idéal de beauté occidental ».

Qu'est devenue pendant ce temps l'agence qui n'avait qu'un seul mannequin à son catalogue au départ? Eh bien, le bureau central de Toronto emploie environ 30 personnes, et l'agence représente 300 mannequins, tous d'une grande beauté… et tous uniques!

Ben Barry a passé récemment trois mois en Angleterre et un mois à Toronto. Il poursuit ses recherches et dirige en même temps son agence. Heureusement qu'il y a les ordinateurs portables! « Il faut savoir déléguer, dit-il. Il faut savoir choisir les bonnes personnes et leur faire confiance. C'est le seul moyen de voir son entreprise grandir et passer d'un ou deux employés à une grosse équipe dynamique qui prend des risques. »

Ben Barry a 26 ans. Il dirige son entreprise depuis maintenant 12 ans!

Marie-Renée Bergeron-Lajoie est un véritable feu d'artifice : une fille belle, brillante, lumineuse, pleine d'énergie. Née à Shawinigan, fille d'un entrepreneur en électricité, elle a grandi en Roumanie, à Haïti et au Québec. À 17 ans, elle a travaillé durant un été dans un service sanitaire du bassin amazonien au Pérou. Elle y a effectué des tests sanguins, a appris l'espagnol et pris la décision d'étudier en médecine. Cette expérience a été déterminante : « Si je pouvais faire ça ma vie entière, je serais la plus heureuse des femmes! » Dotée de tous les talents,

Marie-Renée est une athlète et, en même temps, pourrait envisager une carrière de directrice artistique, elle qui, très jeune, a invité une production des *Monologues du vagin* d'Eve Ensler au cégep de Trois-Rivières, où elle étudiait. Quoique très attachée à cet établissement scolaire, elle n'était pas là lors de sa cérémonie de graduation puisqu'elle assistait ce soir-là à sa première conférence *Repensez-y* organisée par la Fondation, à Ottawa. C'était tout juste avant qu'elle commence ses études de médecine à l'Université McGill.

Marie-Renée a utilisé sa bourse du millénaire pour travailler auprès du docteur Gilles Julien, « pédiatre social » qui pratique dans les quartiers les plus pauvres de Montréal. Notamment directeur du département de santé communautaire de l'hôpital Sainte-Justine de 1991 à 1994, après avoir occupé les mêmes fonctions à l'Hôtel-Dieu de Montmagny de 1987 à 1990, Gilles Julien a été responsable médical du secteur Santé des Inuits du Nord québécois au Centre hospitalier de l'Université Laval de 1983 à 1990. Comme pédiatre social, il a oeuvré principalement au Centre local de Services communautaires de Côte-des-Neiges depuis le début des années 1990 et, depuis 1996–1997, au projet Assistance d'enfants en difficulté de Hochelaga-Maisonneuve (AED), un organisme communautaire en milieu défavorisé, dont il est le cofondateur. Le docteur Julien est reconnu comme expert clinique en abus et négligence des enfants depuis plusieurs années et il a collaboré à de nombreuses revues par la publication régulière d'articles touchant la prévention, le développement des enfants et l'attachement parent-enfant. Il siège au conseil d'administration de l'ESSOP, la Société européenne de pédiatrie sociale et fait partie d'un réseau pour la formation en pédiatrie sociale en collaboration avec les universités du Québec et la Fondation Lucie et André Chagnon.

« Sa clinique, c'est sa table de cuisine, dit Marie-Renée. Il réunit tous les gens qui sont préoccupés par la santé et le bien-être des enfants. C'est fou ce que cet homme a fait pour les enfants! Il a vraiment transformé ma vision de la médecine et il continue d'être pour moi une inspiration et un modèle : un modèle d'engagement social, un modèle de dévouement et de respect pour tous et chacun. »

Avec cinq autres étudiants en sciences de la santé de l'Université McGill, elle a créé à l'automne 2005 Sexperts McGill, un groupe « engagé à susciter la réflexion des jeunes et à les outiller pour la prévention des infections transmissibles sexuellement et par le sang (ITSS) ». À ce jour, le projet a rejoint plus de 400 élèves du niveau secondaire de l'île de Montréal et a incité plusieurs jeunes à passer des tests de dépistage.

Selon le site *masexualite.ca,* plus d'un adolescent sur cinq âgé de 15 à 17 ans n'utilise pas de méthode de contraception lors d'une relation sexuelle. De plus, 29 % des jeunes hommes âgés de 15 à 19 ans n'utilisent pas le condom, et ce taux atteint 51 % chez les jeunes femmes de la même tranche d'âge. Ces données alarmantes ont donc poussé Marie-Renée Bergeron-Lajoie et d'autres étudiants de McGill à s'engager à fond dans ce projet en concevant une approche novatrice qui mise sur l'efficacité du message et la participation active des étudiants.

L'organisme Forces AVENIR, qui vise à reconnaître, à honorer et à promouvoir l'engagement de la jeunesse dans des projets qui enrichissent le savoir, qui suscitent le goût de la réussite, le dépassement personnel et le développement du sens civique, affirme que « les présentations dynamiques et interactives des membres du groupe Sexperts amènent les jeunes à pousser leur réflexion pour devenir aptes à prendre les bonnes décisions au moment opportun. Pour appuyer les présentateurs, l'équipe de

Sexperts McGill a créé un guide du présentateur de 120 pages ainsi qu'une panoplie d'activités pour passer de la théorie à la pratique. Ces outils ont même suscité une forte demande de la part des intervenants en milieu scolaire, qui ont décidé de s'en servir lors de leurs propres interventions. « Chaque rencontre est une occasion de discuter avec les adolescents et de les encourager à croire en eux et à se respecter. Notre but n'est pas de les submerger d'une tonne d'information, mais bien de s'assurer qu'à la fin de la présentation, les élèves aient les outils en main afin d'évaluer les risques liés à certaines pratiques sexuelles », explique Marie-Renée, qui est la porte-parole du projet.

De plus, par l'intermédiaire de la Fédération internationale des associations médicales étudiantes, les outils conçus par Sexperts McGill ont été partagés avec l'Université de Montréal et l'Université Laval afin que ces dernières puissent mettre sur pied leur propre projet d'intervention. De manière à assurer la pérennité du projet, l'Université McGill entend ajouter le programme à son *curriculum* de cours. Par ailleurs, l'engagement du groupe se concrétisera aussi prochainement par la réalisation conjointe d'un projet sur la santé sexuelle avec l'organisation Médecins du monde, parce que des projets similaires apparaissent dans d'autres pays du monde. « Toutes ces occasions, prévoit Marie-Renée, permettront au projet Sexperts d'avoir une base stable qui favorisera une expansion future, de manière à pouvoir rencontrer des élèves du secondaire dans différentes régions du Québec. »

« J'étais estomaquée, ajoute-t-elle, de voir tous ces ados convaincus qu'il y avait un remède contre le VIH ou qu'ils auraient des signes visibles s'ils contractaient quelque chose! "Si t'attrapes la gonorrhée, tu vas bien t'en rendre compte, non?" Eh bien non, justement. Des statistiques américaines démontrent maintenant que le tiers des cas d'infertilité est le résultat d'infections qui n'ont pas été traitées correctement. Et à qui cela arrive-t-il? À des jeunes de 13, 15, 20 ans et, dans bien des cas, ils ne savent même pas qu'ils sont atteints, parce qu'un cas sur trois est asymptomatique. »

« Nous sommes vraiment fiers de ce que nous avons accompli. D'autres étudiants ont reçu une formation, et Sexperts est maintenant implanté à Sherbrooke, Trois-Rivières et Chicoutimi. Sans parler des liens avec l'étranger. C'est ainsi que j'ai eu la chance de participer à une rencontre internationale à Canterbury, en Angleterre. Là, j'ai pu exposer ce que l'on avait fait au Québec, les outils que l'on s'était donnés, partager avec d'autres intervenants nos expériences et nos compétences. »

« Un médecin est là pour soigner les gens, conclut une Marie-Renée rayonnante et lumineuse. Et l'éthique du métier que nous défendons, les initiatives que nous avons aujourd'hui serviront, j'en suis sûre, aux générations futures. »

PRIX LITTÉRAIRE du Gouverneur général 2009 catégorie théâtre, Prix de la critique 2009 catégorie Jeunes publics, remis par l'Association québécoise des critiques de théâtre, Prix Sony Labou Tansi des lycéens 2009, distinction de la Comédie-Française 2008, Prix des Journées de Lyon des auteurs de théâtre 2007, la pièce *Le bruit des os qui craquent* de Suzanne Lebeau, présentée au Théâtre d'Aujourd'hui, à Montréal, au cours de la saison 2008–2009, aborde avec une lucidité et une pudeur bouleversantes la question des enfants soldats. Paul Cormier connaît aussi très bien cette effroyable réalité. « Quand vous parlez avec des enfants soldats au Libéria, dit-il d'entrée de jeu, ce qui importe avant tout, c'est votre présence : le seul fait que vous vous asseyiez avec eux, que vous preniez la peine de les écouter. »

Paul Cormier a été président de l'organisation antigénocide SHOUT (Students Helping Others Understand Tolerance), dont les ramifications s'étendent dans une vingtaine de campus au pays. Le mandat de SHOUT consiste à sensibiliser les gens aux génocides et à établir le dialogue entre divers communautés culturelles et groupes religieux : chrétiens, juifs, musulmans, etc. SHOUT n'est pas un organisme de développement international, mais il organise des voyages de sensibilisation et d'éducation, que ce soit dans les camps de concentration en Pologne ou en Allemagne, au Rwanda, où les Tutsis furent victimes d'un génocide en 1994, ou à Washington pour visiter des musées et établir des contacts politiques.

Paul Cormier se passionne depuis toujours pour le développement international. Il a passé deux étés en Haïti à travailler à des projets de développement. De retour au Canada, il apprend à l'université qu'il y a des possibilités d'échange avec d'autres universités, au Texas, en Australie ou en Europe, mais qu'aucun voyage de sensibilisation ou de formation dans les pays en voie de développement n'est offert. « Il m'a semblé qu'il y avait là une lacune, dit-il, c'est la raison pour laquelle j'ai créé Students for West Africa. Toute l'équipe de Students for West Africa faisait partie du comité exécutif de la branche de Fredericton de SHOUT. »

Students for West Africa constituait une branche du Forum for Education in West Africa, qui réunissait 20 universités de l'Afrique de l'Ouest et 20 universités du monde occidental, formant un réseau d'échanges : échanges de personnes, de ressources technologiques ou de ressources en éducation.

Paul Cormier précise : « Nous avions des principes de base. Le premier : être à l'écoute. On ne voulait surtout pas arriver en Afrique avec des idées préconçues, avec l'impression de tout savoir; et, au retour, nous voulions partager nos observations et sensibiliser les gens autour de nous. Paul ajoute que « le programme de subventions du millénaire leur a été bien utile parce que le voyage ne représentait pas une fin en soi pour les gens de la Fondation. Le véritable résultat se vérifie au retour : comment l'expérience a modifié ta vie, ce que tu as dorénavant l'intention de faire de ton existence et comment tu changes la communauté dans laquelle tu vis. »

« C'est ainsi que sept étudiants de l'Université Saint-Thomas de Fredericton et de l'Université du Nouveau-Brunswick sont partis pour la Guinée, le Mali et le Libéria sous l'égide de Students for West Africa. Les trois étudiants en Guinée ont distribué des vitamines et collaboré à des projets de développement agricole; les deux au Mali ont travaillé pour des organismes de santé publique; moi, je me suis retrouvé au Libéria avec ma collègue Elizabeth, où on a été mis en contact avec des enfants de la rue et des enfants soldats. »

« La guerre civile au Libéria a pris fin en 2005, explique Paul Cormier, mais le pays n'en est pour autant devenu un pays pacifié. Dans le contexte de violence et d'insécurité qui règne encore, la première chose que je me devais d'offrir à ces enfants, c'était une présence rassurante. Comme je le disais tout à l'heure, le seul fait de s'asseoir avec eux, ça n'a pas de prix pour ces enfants qui sont souvent seuls au monde. Ils étaient d'ailleurs très étonnés et émus de voir un gars comme moi, venu du Canada, prendre le temps de les écouter, de façon aussi désintéressée. »

« Je travaillais dans un bidonville, le ghetto Solalie, un terme qui signifie "la mort vaut mieux que la vie". Ça vous en dit long sur la mentalité de ces jeunes et de ce qu'ils peuvent vivre au quotidien! Il y en a un qui m'a déjà dit que j'étais le premier Blanc à lui rendre visite. Le premier représentant d'une organisation non gouvernementale à venir là, vous vous rendez compte! C'est tout de même incroyable quand on pense aux liens qu'ont les États-Unis et le Libéria, au nombre d'ONG et d'organismes de toutes sortes présents sur le terrain! Mais il semble bien que les gens qui s'intéressent au sort de ces enfants de la rue, les plus démunis de tous, les prennent avec eux pour un temps, les amènent dans leurs beaux édifices tout neufs réservés aux étrangers, s'en occupent durant quelques jours et les renvoient ensuite là d'où ils viennent. Il semble que j'aie été un des premiers à aller dans les bidonvilles, dans les ghettos, pour m'occuper des enfants là où ils sont. Après coup, je suis entré en contact avec des gens du ministère de la Santé, avec des religieux, avec des représentants du cabinet libérien. J'ai insisté pour qu'ils m'accompagnent, qu'ils voient de leurs propres yeux dans quelles conditions affreuses vivent ces enfants. Ils ont pu voir des enfants vivre sous des abris de fortune faits de tiges de bambou, un petit gars de 12 ans se piquer à l'héroïne, un groupe de jeunes atteints de la tuberculose, de la malaria ou du sida fumer de la marijuana pour soulager leurs douleurs. J'espère qu'ils ont pu avoir une meilleure idée de la situation et peut-être développer un minimum de compassion. »

« L'année prochaine, je m'inscris au programme de maîtrise du University College de Galway, en Irlande, pour étudier le droit international des droits de la personne. Je rêve du jour où ce droit sera appliqué et respecté partout dans le monde, mais je rêve aussi de pouvoir créer des projets sur le terrain, pour continuer à venir en aide aux enfants de la rue, encore trop souvent oubliés et laissés à eux-mêmes. »

L'AGENCE BEN BARRY, Sexperts, Students for West Africa : « Nos boursiers ne sont pas les leaders du Canada de demain, disait Melissa Moi, mais les leaders d'aujourd'hui! »

> *sept*

UN MILLION D'ESPOIRS

. . . .

L E GULF STREAM est un courant océanique qui
prend sa source entre la Floride et les Baha-
mas et se dilue dans l'océan Atlantique. Il
longe la côte vers le nord jusqu'à Terre-Neuve, puis se dirige vers
l'est en formant des méandres qui finissent par se détacher du
courant principal sous forme de tourbillons qui s'atténuent en
plusieurs jours ou quelques semaines. Ces tourbillons sont le
principal mécanisme de ralentissement et de dilution du courant. Au sud du Groenland on continue à observer des poches
d'eaux plus chaudes, mais le déplacement de l'eau ne se fait plus
qu'imperceptiblement vers l'est. Une bouteille jetée à la mer
pourra se diriger pendant une journée dans à peu près n'importe
quelle direction, et en une semaine, elle aura changé plusieurs
fois de direction, mais ce n'est qu'au bout de plusieurs semaines
qu'il sera clair que son déplacement moyen se fait vers le nord-est.

Le Gulf Stream est propulsé et contrôlé par une combinaison d'interactions dont les forces éoliennes, les différences de densité de l'eau (température, salinité), les apports d'eau douce continentale et pluviale et la géographie des côtes.

À bien des égards, la Fondation canadienne des bourses d'études du millénaire ressemble au Gulf Stream : un courant chaud, à la fois bien visible et immatériel, propulsé et contrôlé par une combinaison d'interactions, un courant qui forme des méandres, qui crée des tourbillons, qui ne perd jamais le nord et qui se dirige toujours vers l'est car, c'est bien connu, le soleil se lève à l'est!

Des scientifiques évoquent actuellement la possibilité de la disparition du Gulf Stream. Sur l'Atlantique Nord, l'effet de serre est en train de faire fondre les immenses glaciers de l'Arctique et contribue à l'augmentation de la pluie. Ces deux phénomènes réunis sont à l'origine d'un apport d'eau douce sur cette région. Si jamais ce dernier venait à être trop important, comme cela fut le cas au début de la dernière période glaciaire, alors le Gulf Stream pourrait disparaître.

La Fondation, elle, a déjà disparu. Cependant, elle a laissé des alluvions. Le Canada compte 33 millions d'habitants. La Fondation a distribué un peu plus d'un million de bourses : 1 045 000 très exactement. Plus d'un million d'actes de foi en l'avenir. La Fondation a répété plus d'un million de fois que demain nous appartient et que l'on se doit de bâtir l'avenir.

« Le passé et le présent sont nos moyens, le seul avenir est notre fin », écrivait Pascal dans ses *Pensées*. « Le présent accouche de l'avenir », disait pour sa part Voltaire au Siècle des Lumières. Et toujours, dans son œuvre comme dans sa vie, le nouvelliste et auteur de théâtre russe Anton Tchekhov est resté soucieux de la qualité de vie de ses contemporains, de ses concitoyens, aura lutté contre l'injustice et l'ignorance. Il aura fait construire des écoles, aura acheté des livres pour les bibliothèques publiques. Cet humaniste pratique croyait que la plus grande qualité d'un écrivain est la compassion, que le plus grand service qu'un artiste puisse rendre à l'humanité est de lui dessiller les yeux, que le plus beau cadeau qu'on puisse faire à un homme est de l'instruire.

Nous le disions dès l'introduction de cet ouvrage, grâce à des battants, déterminés et visionnaires, la Fondation a été plus qu'un programme exceptionnel, bénéfique à long terme pour notre pays : elle aura incarné une vision sociale, politique et humaine que l'on voudrait voir propagée. Elle aura défendu l'idée qu'une société civilisée doit se faire un devoir de soutenir ceux qui bientôt la porteront sur leurs épaules et de faire en sorte que les jeunes pousses trouvent le terreau et la lumière nécessaires pour s'épanouir et grandir, pour devenir à leur tour de grands chênes.

La Fondation a aujourd'hui disparu, mais nous ne sommes pas près de voir disparaître les bienfaits de ce courant chaud.

› REMERCIEMENTS

. . . .

Nombreux sont les gens qui ont rendu possible l'écriture de ce livre et à qui je veux exprimer ma reconnaissance.

En premier lieu, je voudrais remercier Norman Riddell et les membres de la direction de la Fondation canadienne des bourses d'études du millénaire pour m'avoir offert l'occasion de déposer un projet de livre et pour avoir ensuite accepté ma proposition. Je suis particulièrement reconnaissant à l'égard du directeur des communications, Monsieur Jean Lapierre, qui fut mon premier interlocuteur et qui a assuré le lien entre la Fondation et moi. Travailler avec lui fut un plaisir de chaque instant.

Comme j'ai été rémunéré par la Fondation, je ne percevrai pas de droits d'auteurs. Les profits liés aux ventes seront versés au Lulu Terrio-Cameron Memorial Scholarship Fund de l'Université du Cap-Breton, en Nouvelle-Écosse. Toutes les notes, toute la documentation ayant servi à la recherche ainsi que tous les manuscrits seront déposés aux Archives de cette même université.

Tout les employés de la Fondation aura collaboré de bonne grâce et m'aura été d'une aide précieuse. Certains d'entre eux avaient déjà été interviewés par Rosemary Reilly, de l'Université Concordia, et ils ont gentiment accepté de me rencontrer à mon tour. Je pense en particulier à Andrew Parkin et à Andrew Woodall, que j'ai harcelés à plus d'une reprise et qui ont en outre répondu patiemment à mes questions par téléphone et par courrier électronique. D'anciens employés de la Fondation, tels Alex Usher et Franca Gucciardi, ont fait montre d'une obligeance et d'une disponibilité de chaque instant, et il en fut de même pour les anciens membres et les membres actuels du conseil d'administration.

J'ai été accueilli à bras ouverts par un grand nombre de personnes liées au programme de recherche de la Fondation. Je ne saurais les nommer tous, mais je m'en voudrais de ne pas signaler Stan Watchorn, Yvonne Rondeau, la famille Babin et les bénévoles, parmi lesquels Peter Wong. J'ai eu la chance de pouvoir compter sur la collaboration d'anciens employés de la fonction publique qui ont eu une influence déterminante au tout début de la Fondation, comme Robert Bourgeois et Mel Cappe, sans parler de témoins au jugement précieux tel l'Auguste Personnage. Les conversations que j'ai eues avec d'anciens responsables de l'aide étudiante dans les provinces, je pense ici à Tom Glenwright, au Manitoba ou Kevin Chapman, en Nouvelle-Écosse, ont considérablement nourri ma recherche.

Don Sedgewick, qui a agi à titre d'agent littéraire pour ce projet, ne m'a pas lâché d'une semelle et a fait en sorte que je propose aux éditeurs une version convaincante, et il a habilement mené les négociations qui devait mener à une coédition réunissant la Fondation, Douglas & McIntyre, la plus importante maison d'édition indépendante au Canada, et votre humble serviteur. Une première version de ce manuscrit a été scrutée à la loupe par deux conseillers en qui je pouvais avoir une totale confiance et qui ont longtemps travaillé dans la fonction publique, mes frères Ken et David, mais aussi par Mel Cappe, Nigel Chippindale et l'Auguste Personnage. Je leur transmets mes remerciements les plus chaleureux.

Enfin, je voudrais exprimer ma gratitude à ma femme, qui est aussi mon éditrice la plus dévouée et ma meilleure amie, Marjorie Simmins, et à tous les étudiants que j'ai eu le bonheur de rencontrer. Toutes les histoires recueillies, tous les parcours et les exploits remarquables de ces boursiers ne figurent malheureusement pas dans ce livre, mais Marjorie peut témoigner du nombre de fois où je suis descendu de mon bureau pour partager avec elle ma stupéfaction et mon éblouissement devant une autre de ces histoires fabuleuses dont on venait de me faire le récit. Jamais je n'oublierai ces conversations téléphoniques et ces rencontres vibrantes avec ces étudiants hors du commun. Notre pays peut compter sur un nombre incalculable de grands esprits, de têtes chercheuses, d'empêcheurs de tourner en rond, d'ennemis du *statu quo*, de pourfendeurs et de créateurs. Ce fut pour moi un réel privilège de rencontrer certains de ces éveilleurs de conscience et de ces décrocheurs d'étoiles.

› INDEX

. . . . . .

205